생각이 쑥 크는

세계명작 3

ⓒ비주얼, 2012

1판 1쇄 인쇄 2012년 8월 29일 | **1판 1쇄 발행** 2012년 9월 5일

각색 비주얼 | **그림** 임해봉

펴낸이 권병일 권준구 | **펴낸곳** (주)지학사

편집이사 강현철 | **편집** 김은영 문지연 김연정 | **디자인** 이혜리 | **제작** 권용익 김현정 이진형 | **마케팅** 송성만 손정빈

등록 2010년 1월 29일(제313-2010-24호) | **주소** 서울시 마포구 신촌로 6길 5

전화 02.330.5297 | **팩스** 02.3141.4488 | **전자우편** lovemybear@naver.com

ISBN 978-89-94700-35-9 64080
ISBN 978-89-94700-32-8 64080(세트)

잘못된 책은 구입하신 곳에서 바꿔 드립니다.

아르볼은 (주)지학사가 만든 단행본 출판 이름입니다.

이 책의 독자에게

모이락에 모인 여러분 환영합니다!

모이락은 20년의 역사를 자랑하는 독서 논술 월간지 〈독서 평설〉의 우수 콘텐츠를 선정하여 만든 학습만화입니다. 독서평설에 인기리에 연재되며 그 우수성을 검증받았지요. 언어, 수학, 과학, 사회 등 초등 필수 교과 영역을 고루 다루며, 호기심을 자극하고 즐거움을 선사합니다. 처음으로 여러분이 만날 모이락은 〈생각이 쑥 크는 세계 명작〉 입니다.

세상에 널리 알려진 훌륭한 작품을 '명작(名作)'이라고 합니다. 단순히 많은 사람이 읽었다거나, 대단한 예술적 가치를 가졌다는 점만으로 명작이라 불릴 수 없습니다. 명작은 대중성과 작품성을 두루 갖추고 있어야 합니다. 그리하여 진정한 명작은 시대와 국경을 초월하여 '사람이 살면서 알아야 할 지혜'를 담고 있습니다. 이를테면 〈비밀의 화원〉은 자연의 아름다움과 삶의 희망을, 〈허클베리 핀의 모험〉은 신 나는 모험 이야기 속에서 자유와 평등을 말합니다.

〈생각이 쑥 크는 세계 명작〉은 이름에 걸맞은 작품 수록을 위해 엄선에 엄선을 거쳤습니다. 그 결과 일차적으로 열네 작품을 뽑아 네 권의 책으로 만들었습니다.

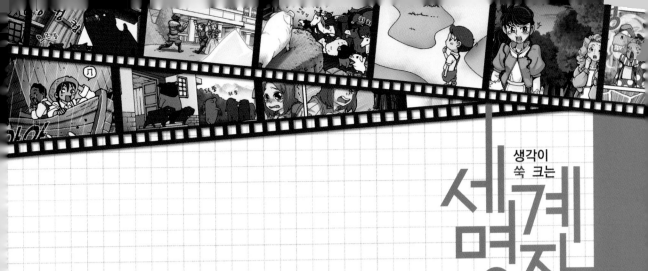

생각이
쑥 크는

세계 명작 7

수백 쪽에 이르는 방대한 분량의 작품을 몇 십 쪽의 만화로 각색하는 작업은 결코 쉬운 일이 아니었습니다. 쉽고 재미있는 만화 안에 원전의 재미와 감동을 충실히 담아야 했으니까요. 하지만 공들인 보람은 좋은 책으로 탄생하여, 이렇게 〈생각이 쑥 크는 세계 명작〉이 여러분과 만나게 되었습니다.

이 책의 장점으로 원전의 내용을 충실히 살린 각색, 귀엽고 세련된 그림, 작가와 작품 배경을 소개한 학습 부분을 꼽을 수 있습니다. 그렇다고 해서 완역본 대신 이 책을 읽으면 된다고 권하는 것은 아닙니다. 아무리 충실히 담으려 노력했어도 만화를 통해 원전이 주는 감동과 교훈을 오롯이 전달하는 데는 한계가 있기 때문입니다.

이 책을 읽고 세계 명작은 너무 어렵고 지루하다는 편견에서 벗어나기를 바랍니다. 그리고 세계 명작에 대한 호기심을 키워 완역본 읽기에 자신 있게 도전해 보시기를 권합니다.

차례

등장인물

존스
매너 농장의 주인이에요.
술과 도박에 빠져 동물들에게
먹이 주는 것도 잊어버려요.

메이저
매너 농장 동물들에게
존경받는 늙은 수퇘지예요.
혁명의 바람을 일으키지요.

나폴레옹
늘 자기 멋대로 하는
포악하게 생긴 수퇘지예요.

스노볼
말재주와 창의력이
뛰어나지만, 카리스마가
부족한 수퇘지예요.

스퀼러
뛰어난 말재주로
동물들의 생각을
움직이는 돼지예요.

몰리
겉치레와 편안함을
중요시하는 암말이에요.

벤저민
아는 것이 많고 비판적인
당나귀예요.

복서
헌신적이고 성실하지만,
어리석은 말이에요

매너 농장에 깜깜한 밤이 찾아왔어요.

존스 씨 부부의 침실 불이 꺼지자, 매너 농장의
동물들이 술렁이며 헛간으로 몰려들었어요.

메이저 영감님
꿈 얘기 못 들었어?

하~암.
졸린데 왜
모이라는 거야?

영감님이
이상한 꿈을 꾸셨대.
어서 가서 들어
보자고!

동무들, 이제
나는 늙어서 여러분과
지낼 시간이 얼마
남지 않았소.

우리가 이렇게 고생하는 것은 바로 인간들 때문이오. 인간을 쫓아내면 우린 행복하게 살 수 있소.

스노볼 ▼ 말재주와 창의력이 뛰어난 수퇘지

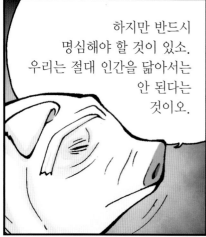

하지만 반드시 명심해야 할 것이 있소. 우리는 절대 인간을 닮아서는 안 된다는 것이오.

우리 동물들은 모두 평등하오.

어떤 동물도 같은 동물을 억압하면 안 되오.

어젯밤 나는 인간이 없어진 뒤에 세워질 천국에 대한 꿈을 꾸었소.

동무들, 우리는 그 꿈을 이룰 수 있소!

메이저 영감은 〈영국의 동물들〉이란 노래를 불렀어요. 매너 농장의 동물들은 모두 흥분에 휩싸였어요.

그로부터 사흘 뒤, 메이저 영감은 숨을 거두었어요.

영감님, 흑흑.

그리고 동물들 사이에서는 비밀 모임이 계속되었어요. 메이저 영감의 유언을 실행하기 위한 것이었죠.

지금 행동하지 않으면 우린 영원히 노예로 살게 될 거야.

좋아, 힘을 모으자.

비밀 모임은 돼지들이 중심이 되었어요. 그중 가장 똑똑한 수퇘지인
나폴레옹과 스노볼은, 메이저 영감의 유언을 바탕으로
'동물주의' 이론을 만들었어요.

모든 동물은
평등하다는 것!

그리고 동물이
주인이 되는 것!
이게 바로 동물주의야.

동물주의
만세~!

짝 짝

와~

만세

스퀼러는 뛰어난 말솜씨로 동물들을 설득해,
나폴레옹과 스노볼을 도왔어요.

동물주의는 우리에게
무조건 좋은 거야! 동물주의가
실현되면 얼마나 좋을까?
여긴 우리들의
천국이 될 거야!

스퀼러가
말하면 뭐든
진짜 같아.

까만 걸
희다고 해도
믿겠다니까!

나불
나불

매너 농장의 인간들을
내쫓읍시다. 그러면
우리 동물들의 뜻대로,
모두가 평등하고 행복하게
살 수 있어요!

모두 함께
일어섭시다!

존스 씨는
우리의 주인인데
그래도 될까?

괜히 까불다
주인이
먹이도 안 주면
어떡해.

몰리 ▼ 겉치레와 편안함을 중요시하는 암말

돼지들은 동물들을 설득하느라 애썼어요.

인간들을
내쫓아도 내 갈기에
예쁜 리본을 달 수
있을까?

몰리, 리본은
인간이 만들어
낸 노예의
상징이야!
리본보다
자유가 더 소중하다는 걸
모르겠니?

갈까마귀 모지스의 거짓말 방해와도 싸워야
했지요.

떠벌 떠벌

동물이 죽으면
'달콤한 설탕 언덕'에
간대. 그곳은 매일매일
일요일이래~.

돼지들 말 듣지 마.
죽으면 모두
행복해질 텐데,
왜 고생을 사서 하니?

정말?

와~!

모지스 ▼ 주인 존스에게 길들여진 갈까마귀

그러던 어느 날, 존스는 술집에서 술을 너무 많이 마시는 바람에, 다음 날까지 농장에 돌아오지 않았어요.

존스 씨는 왜 안 오는 거야?

배 속에서 천둥 치는 소리가 나.

배고파서 쓰러질 것 같아.

저녁이 되자 동물들은 더 이상 기다릴 수가 없었어요.

곳간으로 가자!

이러다 진짜 죽을 것 같아.

꽝

더는 참을 수 없어!

우루루루

어서 먹자!

복서 ▶ 헌신적이고 성실하지만 어리석은 말

으아~
동물들이
미쳤나 봐!

동물들이 우르르 달려들자 존스와 일꾼들은
깜짝 놀라 도망쳤어요.

동물들
만세!

우리가
주인
이라고~!

매너 농장은
이제
우리 거야!

이겼다~!

좋아,
눈가리개도!

그동안 우릴
괴롭힌 고삐와
굴레를 태워 버리자.

채찍도
태워 버려!

스노볼은 '매너 농장'을 지우고,
그 위에 '동물 농장'이라고 썼어요.

동물 농장
만세~!

멋지다~
껄껄껄!

와아

동무들,
우리는 동물주의 원칙을
7계명으로 만들었어요.
이것은 모든 동물들이
지켜야 할 규칙입니다.

동물농장

〈 7계명 〉

1. 두 다리로 걷는 자는 적이다.
2. 네 다리로 걷거나 날개를
   가진 자는 친구다.
3. 어떤 동물도 옷을 입어선 안 된다.
4. 어떤 동물도 침대에서 자면 안 된다.
5. 어떤 동물도 술을 마셔서는 안 된다.
6. 어떤 동물도 다른 동물을
   죽여서는 안 된다.
7. 모든 동물은 평등하다.

자, 동무들.
이제 우리가 인간들보다
일을 더 잘한다는 걸
보여 줍시다!

풀밭으로 가자~!

신 나게
일해 보자고!

돼지들은 농장 일을 안 하는 대신 동물들을 지휘했어요.

자, 동무들!
서둘러요, 서둘러!

돼지들은 왜
일 안 하고
노는 거야?

노는 게 아냐.
우리를 지도하고
있잖아.

여러 조직을 만들고, 읽고 쓰기도 가르쳤지요.

암탉들은
'계란 생산 위원회'

암소들은
'꽤 청결 연맹'
입니다.

모두 읽고 쓰기를
배워 문화 동물이
됩시다.

꼬..

지게처럼
생긴 게 에이!

A

ㅇ에~이

염소 뮤리엘은 글자를 곧잘 읽어, 동물들에게 신문을
읽어 주었어요.
당나귀 벤저민은 어떤 돼지보다도 잘 읽었지만,
겉으로 드러내지 않았지요.

와아~

클로버는 알파벳은 외웠지만, 단어는 몰랐어요.

읽어 보세요~.

SUN

에스, 유, 엔. 이게 뭐더라?

복서는 알파벳 D를 넘어가지 못했어요.

에이, 비, 씨, 디……. 끙.

ABCDE

나폴레옹은 특히 어린 동물들의 교육에 관심이 많았어요. 제시와 블루벨이 새끼를 낳자, 나폴레옹이 그들을 찾아갔지요.

제시, 블루벨. 새끼들 교육은 어떻게 시킬 겐가?

교육이라뇨?

어허! 부모라면 교육에 신경을 써야지. 흠, 새끼들의 교육은 내가 책임지겠네.

탁

나폴레옹은 갓 젖을 뗀 아홉 마리의 강아지를 외양간 다락으로 데려갔어요.

그날 이후, 강아지들은 보이지 않았어요.

농장에 이상한 일들이 일어났어요.
사과와 우유가 감쪽같이 사라지는
것이었죠.

우리가 모은
우유와 사과는
다 어디로
갔냐!

내놔라!
내놔라!

공평하게
나누자!!

쉿,
조용!

우유와 사과에는 돼지에게 꼭 필요한
영양분이 들어 있어요. 그걸 먹어야
힘을 내서 존스로부터 이 농장을
지킬 수 있어요.

존스는 눈에 불을 켜고 농장을 빼앗으려
하고 있어요. 우린 밤낮으로 농장을
지키려 애쓰고 있지요. 존스에게
농장을 내줄까요?

그, 그건 싫어.
힘내서 농장을 지켜 줘.

결국 사과와 우유는 모두 돼지들 차지가 되었어요.
한편 존스는 사람들에게
자신의 억울함을
떠들고 다녔어요.

동물들에게
쫓겨나다니,
억울해서
못 살겠소!

허,
저런.

하지만 모두 자기의 이익을 생각하는 데
바빴지요.

존스의 불행이
나에게 이익으로 돌아
왔으면 좋겠군.

우리 농장
동물들이 그런 걸
배우면 안 되는데!

동물 농장에 대한 소문은 계속 퍼져 나갔어요.

동물 농장을 본받자는 움직임이 다른 농장에서도 일어나, 동물들이 점점 사납고 거칠어졌지요.

동물 농장은 동물들의 천국이래.

거긴 채찍도 없대, 꽥!

우리도 한번 시도해 볼까?

엄마야

악

히이잉

음머~

드디어 올 것이 왔어요.

비상! 존스와 사람들이 오고 있어!

헉.

어떡하지??

화가 난 사람들이 존스와 함께 동물 농장에 쳐들어왔어요.

모두 흠씬
두들겨 패
주겠다!

꽉꽉

꽉꽉

거르르르

동물들이 도망치자 사람들이 뒤를 마구 쫓았어요.

인간들이
걸려들었다!

헉!
뭐, 뭐야?

컹

으아,
포위됐다!

우르르르

치

히

힝

모두
공격하라~~!!

스노볼이 공격 신호를 보내자, 모든 동물들이
우르르 달려들었어요.

공격하라!

와 아

아 아

두 두 두 두

헉!

훠

이, 이것들이
감히!

척

탕

존스가 쏜 총알은 스노볼의 등을 스치고
양 한 마리를 쓰러뜨렸어요.

복서는 동물들 중에서 가장 맹렬히 싸웠어요.

고양이는 소몰이꾼의 어깨로 뛰어내려 목을 할퀴었지요.

만 세
우리가 이겼다!

마당에 돌아와 보니 바닥에 얼굴을 처박은 마부 소년이 움직이지 않았어요.

숨을 안 쉬어.

죽었나 봐.

내 발에 징이 박혔다는 걸 잠시 잊었어. 난 전혀 죽일 생각이 아니었는데…….

복서! 그럴 필요 없어. 전쟁은 죽기 아니면 살기라고.

잊었어? 두 다리로 걷는 자는 적이라는 걸.

난 아무도 죽이고 싶지 않아. 그게 비록 인간일지라도.

사실 마부 소년은 죽은 게 아니었어요.
잠시 기절했을 뿐이지요.

아까 이단
옆차기 날리는
거 봤어?

난 날카로운
부리로 사정없이
쪼아 줬어.

끙…….

동물들이 승리의 기쁨을 떠들어 대는 동안
마부 소년은 정신을 차리고,

꽉 꽉

슬금슬금

재빨리 도망갔어요.

후다다

동물들은 목숨을 잃은 양을 위해 장례식을 치렀어요.

가장 용감하게 싸운
스노볼과 복서에게
'제1급 동물 영웅' 훈장을
줍니다. 안타깝게
전사한 양 동지에게는
'제2급 동물 영웅' 훈장을
줍니다.

스윽

1월이 되자 날씨가 몹시 추워졌어요. 동물들은 들에서 아무런 일도 할 수 없었어요.

돼지들은 봄에 할 일을 계획하는 회의를 자주 열었어요.

개울가 비탈진 밭에는 보리를 많이 심는 게 좋겠어요.

아니요, 그 밭엔 배추가 적당하오.

그런데 나폴레옹과 스노볼의 의견은 번번이 충돌했어요.

멍청한 소리 말아요! 채소를 심는다면, 뿌리를 먹는 종류 외에는 될 리가 없어요.

심어 보지도 않고 어떻게 알아? 잘난 척 그만해!

동물 여러분! 저는 〈농민과 목축〉이라는 잡지를 보고 연구하여, 여러 가지 좋은 농사법을 알아냈어요.

스노볼은 움막집에 들어가 열심히
풍차를 설계했어요.

농장의 모든 동물들은 하루에 한 번씩은 움막집에 와서 설계도를
구경했어요.

이야,
근사하네.

완성되면 진짜
멋질 거야.

풍차가 세워지면
기계톱이랑 절단기를
쓸 수 있대요.

우유 짜는 기계도
쓸 수 있을 거래.

일주일에 3일만
일해도 된다네요.

쳇!

흥!
가소롭군.

옜다! 오줌이나
싸 주마.

풍차를 세우려면 돌을 쪼개 벽돌을 만들고, 날개를 만들고, 발전기와 전선도 구해야 하는데, 그걸 어떻게 합니까?

어려움이 있더라도 1년만 고생하면 풍차는 완성됩니다. 풍차가 있으면 행복한 농장이 되리라는 것도 분명하고요.

지금 가장 급한 건 식량을 더 많이 생산하는 것입니다. 풍차 때문에 쓸데없이 시간을 낭비한다면, 우린 모두 굶주리게 될 겁니다!

굶어 죽기 싫다! 배부른 게 최고야.

양들 ▼ 나폴레옹의 말을 무조건 따르는 무리

농장 전체가 풍차 문제로 의견이 나뉘어 어수선했어요.

풍차 건설 주 3일 노동 스노볼에 한 표를...

풍차 건설!! 동물 천국!!

차 표

수염이 석 자라도 먹어야 양반!

풍족한 밥그릇 나폴레옹에게 투표

먹고ㄷ

금강산도 식후경!

유일하게 벤저민만 어느 쪽에도 끼지 않았어요.

벤저민,
넌 누구 편이야?

난 풍차도,
풍족한
밥그릇도
안 믿어.

동물들의 생활은
언제나 괴로울 뿐이야.

나폴레옹과 스노볼의 다툼은 계속되었어요.

존스는 분명히
다시 올 거야.
대비해야 해.

물론이지.
다른 농장 동물들도
어서 움직이도록
이끌어야 해.

바보 같은 소리!
강력한 무기를
갖추는 게 먼저야!

답답한 소리!
사방에서 동물들이
들고일어나면 우린
가만히 있어도
된다고!

드디어 풍차의 설계도가 완성되는 날.
동물들이 투표를 하기 위해 모였어요.

풍차가 세워지면
우리 농장은 동물
낙원이 됩니다.

이 설계도가
우리를 낙원으로
안내할 것입니다.

스노볼이 말하는 동안 양들이
시끄럽게 떠들며 방해했어요.

매

매애애~

매애애~

풍차는 허무맹랑한 것
입니다. 누구도 찬성하지
말 것을 경고합니다.

풍차는
우리의 아름다운
미래입니다!

풍차가 만들어 내는 전기는
농장에 불을 밝히고 따뜻하게
할 것이며, 농사일을 돕는 여러
기계도 쓸 수 있게 할 겁니다.

정말
굉장해!

좋아, 풍차
건설에 한 표!

동물들의 마음이 스노볼 쪽으로 기울었어요.
순간 나폴레옹의 눈빛이 무섭게 번득였어요.

ㅁ

그렇게 봐도
소용없어. 동물들은
이미 내 편이라고.

삐이익~

??

?

?

나폴레옹의 신호와 동시에 아홉 마리의 커다란 개가 뛰어 들어왔어요.

컹 컹 컹

으르릉

컹~

개들 ▶ 나폴레옹의 부하. 나폴레옹의 말을 무조건 따름
개들 ▶ 나폴레옹의 부하. 나폴레옹의 말을 무조건 따름

동물들은 너무 놀라 할 말을 잃고,
스노볼이 도망치는 모습을 지켜보았지요.

스노볼은 간신히 울타리 구멍을 빠져나가 어디론가
사라졌어요.

갑자기 나타난 개들은 오래전 나폴레옹이
어미로부터 떼어 내 키우던 강아지들이었어요.

회의는
불필요합니다.
시간 낭비일
뿐이에요.

동물 농장 • 37
동물 농장 • 37

앞으로 모든 문제는
내가 이끄는 돼지들의
특별 위원회에서 결정하고
처리하겠어요.

동물 여러분은
명령을 그대로
따르면 됩니다.

네 마리의 젊은 돼지가 반대를 외쳤어요.

누구
맘대로!

인정 못해!

순
엉터리!

크르르
으르릉

개들이 이빨을 드러내며 으르렁대자, 돼지들은 겁에 질려
자리에 주저앉고 말았어요.

그럼 반대가
없는 것으로
알겠어요.

크르르

크르르

삐질

슬금

크르르

슬금

동무들, 나폴레옹 동지는 지도자가 되어 무거운 책임을 지려는 것입니다. 모든 동물들이 감사해야 할 일이지요.

나폴레옹은 여러분이 풍차라는 헛된 것에 속아 넘어가지 않도록 했어요.

스노볼은 죄인보다 나을 게 없어요.

그는 전투에서 용감하게 싸웠어요.

맞아!

용감한 것만으로는 충분하지 않습니다.

충성과 복종! 그리고 정해진 규칙을 철통같이 지키는 것이 중요합니다.

존스가 돌아와 다시 우리를 괴롭히길 바라나요?

아, 아뇨.

날씨가 풀려 농장 일이 시작되었어요. 동물들은 매주 일요일 아침에 창고에 모여서 그 주의 작업 명령을 받았어요.

벤저민 밭갈이, 복서도 밭갈이, 암탉은 알 낳기, 암소는 우유 짜기……

스노볼이 쫓겨난 뒤 세 번째로 맞는 일요일 아침이었어요.

나는 무슨 일이 있어도 반드시 풍차를 건설할 것입니다.

이 일은 엄청난 희생과 노력이 필요해, 식량 배급을 줄여야 할지도 모릅니다.

뭔 소리야.

풍차는 안 하기로 했잖아.

나폴레옹이 진심으로 풍차 건설에 반대했던 건 아닙니다.

풍차는 사실 나폴레옹의 아이디어입니다.

스노볼이 나폴레옹의 아이디어를 훔쳐 갔던 것이죠.

!??

그렇다면 나폴레옹은 왜 스노볼을 그렇게 반대했죠?

맞아~

그게 바로 나폴레옹 동지의 꾀였죠.

스노볼은 동물들에게 나쁜 영향을 미치는 존재라서, 그를 없애기 위해 작전을 쓴 거예요.

전략이었단 말입니다. 전략!

아…….

우리들의 풍차 사업엔 포기도 변경도 없어요!

완성되는 그날까지 전진!

와

계속 전진합니다!

와아~

와아~

동물들은 나폴레옹 말에 따라 열심히 일했어요.

일하는 게
좀 힘들어도,
다 우리를 위한 거잖아.
기분 좋아!

아무렴~.
못된 인간을 위해서
일하는 것과 비교할
수 없지.

8월부터는
일요일에도 일을
해야 합니다.

강제는 아니니까
알아서들 하세요.

일요일엔
쉬어야지~.

나도 쉴래.

하지만 일요일에 일하지 않는
동물은 식량을 반만 먹을 수
있었어요.

남들 일할 때
쉬고서 똑같이
먹는 건 너무
뻔뻔하잖아?

어느 일요일 아침.

풍차를 세우는 데
필요한 물건을 사기
위해서, 이웃 농장들과
거래를 하겠습니다.

응?
그럼 돈을
써야 하잖아?

돈을 사용
하는 건 금지
사항인데요!

크르르

인간들과
거래하면 안 된다는
걸 잊었나요?

약속을
지키십시오!

뭐라고?
이미 결정했으니
그런 줄 알아!

크르르...

이웃 농장에
마른 풀과 밀을
팔기로 했소.
부족하면
달걀도
팔 생각이오!

이게 무슨
회의야~.

응성 응성

크르르

크르르

하지만 동물들은 인간이 나폴레옹에게
굽실대는 모습을 보며, 인간과
거래하길 잘했다고 생각했어요.

건초값을 좀
깎아 주시죠.
헤헤~.

깎을 거면
안 팔아! 우리
물건은 모두
최상품이라고.

생각 없으면
그만 가.

흥

아, 아닙니다.
제가 사겠어요.

이즈음 돼지들은 인간들이
쓰던 집으로 이사했어요.
농장을 위해 애쓰는 돼지들이
편하게 쉬고 일할 장소가
필요하기 때문이라고 했지요.
농장에는 돼지들이 식당에서
밥을 먹고, 침대에서 잠을
잔다는 소문이 돌았어요.

분명히
침대에서 자면
안 된다고
했는데……

…이불을 덮고…

여느 때처럼 스퀼러는 동물들을 설득
했고, 동물들은 그의 말을 믿었지요.

우리는 침대에서
이불을 덮고 자면
안 된다고 했습니다.
우린 이불 대신
담요를 덮어요~!

풍차가 완성될 날이
다가오고 있었어요.

밤낮없이
일한 보람이
있구나!

이것만
완성되면
고생도
끝나겠지?

튼튼하게
잘도 쌓아
올렸네!

우린 정말
대단해~.

11월. 바람이 세차게 부는 어느 날.

날씨가
심상치 않아.

아무 일 없어야
할 텐데……

휘 이 이 잉

공들여 쌓은 풍차가?!

그동안 정말 고생했는데……

풍차를 부순 자가 누군지 알겠소?

!! !!

스노볼이오!

쫓겨난 것에 앙갚음하려고 우리의 풍차를 이렇게 만든 겁니다!

설마?

스노볼에게 사형을 선고하오! 그를 잡거나 죽인 자에게는 훈장과 사과 반 상자를 주겠소!

스노볼…… 용서할 수 없어!

반드시 잡아서 벌해야 해.

자, 오늘의 일을 똑똑히 기억합시다. 우리를 배신한 스노볼에게 뭔가를 보여 줍시다!

동지들! 풍차를 다시 만듭시다. 배신자 스노볼에게 우리는 절대 포기하지 않는다는 걸 보여 줍시다!

옳소!

풍차여, 영원하라~!

이듬해 1월이 되자 동물 농장에는 식량이 부족했어요.

옥수수가 모자라니 감자를 주겠어요.

힝, 난 옥수수가 좋은데.

어쩌겠어, 참아야지.

이게 뭐야. 꽁꽁 얼었잖아.

잘 찾아보면 먹을 만한 게 있을 거야.

나폴레옹 동지께서 식량 문제를 해결할 방법을 내려 주셨어요. 이제부터 달걀을 팔아 식량을 살 것입니다!

어떻게 이런 일이!

곧 있으면 병아리가 나올 텐데.

절대로 줄 수 없어!

세상 어느 부모가 자식을 팔아서

양식을 산단 말입니까!

이렇게 내 알을 빼앗길 순 없어.

우리의 뜻을 전하자!

암탉들은 높은 곳에 올라가 알을 낳았어요. 알을 깨뜨려서 나폴레옹의 계획을 꺾으려는 것이었지요.

뜨윽

고뜩

감히 나한테 대들어?

암탉들에게 식량 배급을 중단한다!

크 ㄹ ㄹ

크 ㄹ ㄹ

닷새 동안 아홉 마리의 암탉이 굶어 죽었어요.

남은 암탉들은 결국 나폴레옹에게 항복하고 말았어요.

암탉들은 병에 걸려 죽었어요. 아주 무서운 병이지요.

여러분에게 병을 옮길까 봐 그동안 개들이 지키고 있었어요.

그날 저녁, 스퀼러가 동물들을 모았어요. 중요한 소식을 전한다면서요.

깜짝 놀랄 사실이 드러났어요. 스노볼이 처음부터 존스의 비밀 첩보원이었다고 합니다!

말도 안 돼!

설마!

스노볼은 전투에서 누구보다 용감하게 싸웠어요. 그래서 그에게 훈장도 주지 않았나요?

그건 우리의 잘못이었소. 이 문서를 보시오! 스노볼의 음모가 담겨 있소.

척

그는 총에 맞아 부상까지 당했어요.

총알이 조금 스쳤을 뿐이죠. 미리 계획되었던 겁니다.

그래도……, 난 믿을 수 없어요.

스노볼이 처음부터 인간들 편이었다고는 생각하지 않습니다.

도리   도리

아니, 아니오.

나폴레옹 동지께서 틀림없이 스노볼은 오래전부터 인간들 편이었다고 말씀하셨단 말입니다.

그렇다면 믿겠어요. 나폴레옹은 언제나 옳으니까요.

며칠 뒤, 농장의 모든 동물들이 나폴레옹의 명령을 받고 모였어요.

지금 이 농장에 스노볼의 비밀 첩보원이 있소.

나는 그 증거를 충분히 가지고 있소.

ㅋㄹㄹ

ㅋㄹㄹ

배신자를 끌어내라!

나폴레옹의 말이 끝나기 무섭게 개들이 달려 나와, 젊은 돼지들의 귀를 물어 나폴레옹 앞으로 끌고 갔지요.

ㅋ아아아

꾸에엑

그때 몇 마리의 개들이 복서에게까지 덤벼들었어요.

ㅋㄹㄹ

캬오

보, 복서.
풀어 줘.

깨갱!

나폴레옹은 표정을 가다듬고,
무서운 목소리로 말했어요.

흐흠.
너희의 죄를
모두 털어놔라.

잘못했어요.

너희들,
스노볼과
몰래 만나
왔지!

스노볼과
짜고 풍차를
무너뜨렸지!

마,
맞아요.

살려 주세요.

스노볼이
자기가 존스의
비밀 첩보원이라고
말하는 것도
들었어요.

돼지들이 죄를 모두 털어놓자, 개들이
달려들어 돼지들의 목숨을 끊었어요.

다른 동물들은 잘못한 것 없나? 어서 고백해!

스노볼이 꿈에 나와 나폴레옹에게 복종하지 말라고 했어요.

저도요……

옥수수 알 여섯 개를 몰래 먹었어요.

우물에 오줌을 누었는데, 스노볼 말에 따른 거였어요.

아파서 누워 있는 늙은 숫양을 죽게 했어요.

그는 당신을 무척 따랐던 양이에요.

자기의 죄를 밝힌 동물들은 모두 그 자리에서 처형당했어요. 동물 농장에는 죽은 동물들의 피 냄새가 가득했어요.

나폴레옹은 동물 농장의 우상이 되었어요.
동물들은 나폴레옹을 높이높이 받들었어요.

드디어 풍차가 완성되었어요.

풍차 만세!

해냈다! 이제 우리들 세상이야!

처음 것보다 잘 만들었어.

앞으로는 끄떡없을 거야.

동물 여러분, 수고 많았습니다.

모두가 땀 흘려 세운 이 풍차를 '나폴레옹 풍차'라고 부르겠습니다.

와!

와

아

와

아

와! 나폴레옹 풍차 만세!

위대한 지도자 만세!

에~ 여러분, 앞으로 나무를 프리데릭에게 팔 겁니다.

프리데릭 · 필킹톤 ▼ 이웃 농장의 주인들

저, 원래 필킹톤에게 파는 것 아니었나요?

하하하! 그랬지만 프리데릭이 값을 더 쳐준댔소.

나무값은 수표로 내겠어요.

싫소! 현금이 아니면 팔지 않겠소.

달칵!

자, 이제 됐소?

사흘 뒤.

뭐야?

당신이 나에게 준 돈은 가짜잖아! 지금 뭐하자는 겁니까!

그, 그건 프리데릭에게 받은······!

우리를 속인 프리데릭에게 사형을 내리겠소!

만약에 대비해, 모두 전쟁을 준비하시오!

나폴레옹의 예상대로 프리데릭과
전쟁이 시작되었어요.

프리데릭이
온대!

벌써
가까이 왔대!!

멍청한 동물들,
두고 보자.
흐흐흐.

탕 탕 탕

까약!

피해!

탕
탕 탕
탕

움하하!
겁쟁이 동물들,
덤빌 테면
덤벼 봐!

이 농장은
이제부터 내가
다스리겠다!

어떡하지?

다시 옛날로
돌아가진
않겠지?

필킹톤이
도와주면
좋을 텐데……

이, 이런······.

비둘기가 돌아왔어요!

살았다. 필킹톤이 쪽지를 보냈어.

잘 해 봐. 그렇게 당해도 싸다. 메롱~ 필킹톤

큰일 났어요! 저들이 풍차를 부수려 한대요!!

흥, 어림없지. 이번 풍차는 아주 튼튼하다고.

풍차 밑에 구멍을 뚫고 있어요!

아마 구멍에 폭약을 넣을 거야.

맙소사!

풍, 풍차가…….

무너졌어.

용서 못해!

여러분!
우리가 인간들을
물리쳤소!

와~
나폴레옹 만세!

동물
만세!

만 세!!

동물들은 승리를 축하하는
잔치를 벌였어요.

동무들,
풍차를
다시
세웁시다!

우리는
할 수
있습니다!

복서, 발굽 다친 데
덧날라. 너무
무리하지 말게.

벤저민,
전 풍차가 돌아가는
모습을 꼭 보고
싶어요.

잘 먹지도 못하고, 오랜 시간 일하는 것은
무척 힘들었어요. 하지만 복서는 꿋꿋이
참으며 최선을 다했어요.

이듬해 여름.

복서가 쓰러졌어요!

뭐라고?!

복서, 괜찮아요?

숨 쉬는 게 좀 힘드네요.

하악

하악

학

복서를 가축병원에 데려갈 겁니다.

하지만 인간의 손에 맡기는 게 내키지 않아.

워 워

벤저민은 복서를 싣고 가려는 마차를 보고 깜짝 놀랐어요. 동물들을 급하게 불러 모았지요.

멍청이들아!

저 마차에 뭐라고 쓰여 있는지 몰라?

빨리 나아서 와요.

늙은 말 도살 및 가죽 매매 월링톤

잘 가요, 복서.

펑

저게 무슨 뜻인지 모르겠어? 복서를 도살업자에게 넘겨준다는 말이야!

이랴!

안 돼!!

내려, 복서! 내려!!

사흘 뒤, 돼지들은 복서가 치료를 받다가 죽었다고 발표했어요.

복서가 눈을 감을 때 함께 있었어요.

풍차를 완성하지 못하고 죽는 것이 슬프다며, 풍차 공사를 잘 부탁한다고 말했어요.

거짓말! 복서를 싣고 간 마차는 도살업자의 마차였어!

그건 오해입니다.

전에 도살업자가 쓰던 마차를 수의사가 샀는데, 글씨를 미처 지우지 못했던 것뿐이에요.

그렇구나~.

오해를 풀어요. 나폴레옹 동무가 그랬을 리 없잖아.

으음.

여러 해가 지났어요. 많은 동물들이 세상을 떠나고, 어린 동물들이 자라 농장 일을 맡게 되었어요.

그동안 돼지들은 살이 포동포동 올랐지요. 나폴레옹은 몸무게가 무려 140kg이나 나갔고, 스퀼러는 살 때문에 눈 뜨기도 힘들었어요.

풍차도 완성되었어요.
농장은 점점 잘되었지요.

하지만 동물들은 더욱 굶주리며 힘들게 일했어요.
그러던 어느 날이었어요.

으어어 돼지가……!!!

헉! 대체
무슨 일이야?!!

놀랍게도 스퀼러가 인간처럼 두 다리로 걷고 있었어요.

뒤뚱

뒤뚱

곧이어 농장 집에서 모든 돼지들이
두 다리로 걸어 나왔어요. 양들은
그런 돼지들을 환호했지요.

뒤뚱

뒤뚱

그 뒤 돼지들은 옷을 입고, 앞발에는 회초리를 들기 시작했어요. 처음에 동물들은 무척 놀랐지요.
하지만 금세 익숙해졌어요.

네 다리도 좋지만
두 다리는 더 좋다!

네 다리도 좋지만
두 다리는 더 좋다!

다각 다각

인간들이
웬일이지?

농장을 둘러보니
어떻습니까?

훌륭합니다.
우리도 좀
배워야겠어요.

질서가
잘 잡혀
있네요.

한눈에 보는 〈동물 농장〉

　존스 씨의 농장에서 동물들이 반란을 일으켜요. 동물들은 인간들을 내쫓고 농장 이름을 매너 농장에서 동물 농장으로 바꾸지요. 그리고 동물 농장을 동물들의 천국으로 만들기 위해 7계명을 정하여 꼭 지키기로 약속해요. 반란을 이끈 나폴레옹과 스노볼은 동물 농장을 위해 함께 계획을 세워요. 하지만 자신과 뜻이 맞지 않자 나폴레옹은 스노볼을 강제로 내쫓아 버리지요. 지도자가 된 나폴레옹과 그를 따르는 돼지 무리는 온갖 거짓말로 동물들을 속여요. 반항하는 동물이 나타나면 모조리 처형해 버리고요. 동물들은 나폴레옹의 말이라면 모두 옳고, 좋은 것은 다 나폴레옹 덕분이라고 생각하며 그를 높이 받들어요. 몇 해가 지나자 돼지들은 살이 더 포동포동 찌고, 다른 동물들은 반대로 굶주리게 돼요. 인간들과 손잡고 사업까지 하던 돼지들은 점점 인간을 닮아 가고, 결국 동물들은 누가 인간이고, 누가 돼지인지 구분할 수 없게 되었답니다.

작가를 알면 작품이 보인다!

✹ 조지 오웰
(George Orwell, 1903~1950)

본명은 에릭 아서 블레어예요. 인도에서 태어났고, 태어난 지 얼마 안 되어 영국으로 건너갔어요. 1921년 이튼스쿨을 졸업한 그는 경찰관이 되어 미얀마로 떠나요. 그곳에서 제국주의의 문제점을 느끼며 경찰 생활을 접고 작가가 되지요. 이때부터 조지 오웰이라는 필명을 사용해요. 조지 오웰은 1936년 스페인 내전에 참가해 총상을 입고 죽을 뻔한 고비를 넘겨요. 그 뒤로 사회에 대한 풍자와 비판이 강한 작품을 써 세계적으로 주목받는 작가가 돼요. 하지만 폐결핵이 악화되면서 46살의 나이로 숨을 거둬요.

사회에 대한 내 생각이 담겨 있어.

✹ 조지 오웰의 다른 작품

〈1984, 1949〉

인간이 생각할 수 있는 가장 좋은 사회를 '유토피아'라고 한다면, 반대로 어둡고 절망적인 사회 모습을 '디스토피아'라고 해요. 조지 오웰은 이 작품에서 디스토피아를 그리고 있어요. 당은 빅 브라더를 앞세워 사람들을 세뇌시키고, 사람들은 텔레스크린과 사상경찰의 감시를 받으며 자유를 빼앗긴 채 살아요. 이 작품은 인류에게 보내는 경고장이에요. 정보·통신 기술의 발달은 인간에게 편리함을 주는 동시에 개인의 자유를 침해해요. 이것은 현재 우리 사회가 가지고 있는 문제이기도 해요. 그래서 배경이 된 1984년으로부터 20여 년이 지난 오늘날까지 이 작품이 널리 읽히는 거예요.

✪ 미션 하나. 달라진 부분을 찾아라!

7계명

1. 두 다리로 걷는 자는 적이다. --------→ 돼지들은 적이라고 했던 인간과 물건을 사고팔고, 인간을 따라 똑같이 생활함

2. 네 다리로 걷거나 날개를 가진 자는 친구다. --------→ 돼지들은 동물들을 친구가 아닌 일꾼으로 대함

3. 어떤 동물도 옷을 입어선 안 된다. --------→ 돼지들은 예전 주인이 입던 옷을 입음

4. 어떤 동물도 ⌒이불을 덮고 침대에서 자면 안 된다.

5. 어떤 동물도 ⌒지나치게 술을 마셔서는 안 된다.

6. 어떤 동물도 다른 동물을 죽여서는 안 된다. 이유 없이 (= 이유가 있다면 죽일 수 있다.)

7. 모든 동물은 평등하다. 그러나 어떤 동물은 다른 동물보다 더 평등하다.

동물 농장을 만들고, 7계명을 정해 지키기로 약속한 동물들. 그러나 나폴레옹이 지도자가 되면서 7계명의 내용이 점점 달라져요. 어떻게 바뀌었는지 찾아볼까요?

✪ 미션 둘. 닮은 인물을 찾아라!

《동물 농장》은 러시아 사회의 실제 상황을 담은 이야기예요. 1900년대 초, 러시아의 국민들은 열악한 환경에서 힘들게 일했어요. 하지만 아무리 열심히 일해도 끔찍한 상황을 벗어날 수 없었어요. 그래서 혁명을 일으켰지요. 국민을 돌보지 않는 왕과 귀족을 몰아내고, 새로운 나라를 세운 거예요. 각 등장인물이 누구를 나타내는지 닮은 인물을 찾아보세요.

A. 나폴레옹 •

B. 스 노 볼 •

C. 스 퀼 러 •

D. 복   서 •

a. **트로츠키** – 스탈린에 의해 추방된 러시아 혁명가

b. **공산당 간부** – 국민을 교육하고 착취하는 고위 당원

c. **스탈린** – 계획에 방해가 된다는 이유로 수많은 사람을 죽인 폭력적 지도자

d. **국민** – 스탈린이 나라를 멋대로 휘두르는 걸 그저 바라보는 사람

키워드로 보는 세계 명작

풍자 말고
풍차라고!

✹ 오늘의 단어 '풍자'

시대, 사회, 인물의 잘못된 모습을 빗대어 비웃는 것을 '풍자'라고 해요. 그리고 이런 내용의 글을 '풍자 소설'이라고 하지요. 앞에서 살펴봤듯이 ≪동물 농장≫은 스탈린이 지배할 당시 러시아의 정치 상황을 빗대어 만든 풍자 소설이에요. 우리가 잘 아는 ≪걸리버 여행기≫도 대표적인 풍자 소설로 꼽히지요. 걸리버는 16년 7개월 동안 소인국(릴리퍼트), 거인국(브롭딩나그), 하늘을 나는 섬나라(라퓨타), 말의 나라(휴이넘)를 여행해요. 여기서 소인국은 영국 사회를, 거인국은 영국의 식민지였던 아일랜드를 가리킨다고 볼 수 있어요.

✹ 이제는 말할 수 있다!

4컷 만화

✹ 76쪽 퀴즈 정답) A-c, B-a, C-b, D-d

등장인물

허클베리 핀

짧게 허크라고 불러요. 더글라스 부인과 지내는 데 갑갑함을 느끼고, 흥미진진한 모험을 꿈꾸지요.

짐

와트슨 부인이 자신을 팔려고 하자 도망쳐요. 허크를 만나 함께 모험을 떠나지요.

허크의 아버지

허크에게 많은 돈이 있다는 소문을 듣고 나타나 허크를 끌고 가요.

톰 소여

허크의 친구예요. 장난기가 넘치고, 모험심이 강해요.

가짜 왕과 공작

허크와 짐이 여행 중에 만난 사기꾼들이에요. 거짓말을 일삼지요.

아버지에게는
맡길 수 없었거든.
우리 아버지는 매일 술
마시고 나를 괴롭히고,
걸핏하면 사라지니까.

그래서 더글라스 부인이
나를 키우겠다고 했을 때
마을 사람 모두가
잘된 일이라고 했어.

하지만 나는 새로운 생활이
말할 수 없이 고통스러워.

허크, 이제
나와 같이
지내자.

짝 짝 짝 짝

이런 불편한 옷을 입고
살아야 한다니. 으윽~ 숨 막혀.

게다가 모든
일이 종소리에
맞춰져 있어.

이건
저녁 식사
종이야.

땡 땡 땡 땡 휘리리 땡 땡

드디어 끝났다!

자, 성경 공부 끝났으면 글자 공부를 하자꾸나.

열네 살인데도 글자를 못 읽으니 어쩌면 좋니. 글자를 알아야⋯⋯.

졸린데~

허크! 똑바로 앉아! 눈 크게 뜨고!

그렇게 말 안 듣다가는 나중에 지옥에 가고 말 거야!

지옥은 어떤 곳일까?

지옥이란 데 한번 가 보고 싶네요.

뭐가 어째? 지옥은 나쁜 사람들이 가는 곳이야!

착한 일을
많이 해서
천국에 가도록
노력해야
한단다,
알겠지?

착한 사람만
가는 천국은
재미없을 거야.

저, 톰은 천국에
갈 수 있을까요?

어림없는 소리!
그런 개구쟁이는
못 가!

다행이야.
톰은 계속 나와 같이
있을 수 있겠다.

고양이 소리는 내 친구 톰이 내는 신호야.

허크,
놀러 가자!
나와!

O.K!

마을 언덕에는 존과 벤, 로저스 등 친구들 몇 명이 모여 있었어.

존, 안녕!

어서 와,
허크.

벤, 쪽배는
어디 있어?

가까운
데 있어.

어느 날 아침, 울타리를 넘다가
수상한 발자국을 발견했어.

어? 왼쪽에
못 자국이 난
이 발자국은
아버지가
분명해.

나는 곧바로 대처 판사에게 달려갔지.

판사님!!

쾅
쾅
쾅

허크,
무슨 일이냐?
이자 받으러
온 거니?

끼이익

허
허

예?
이자라니요?

네가 맡긴 6천 달러에 대한
이자 150달러가 들어왔단다.

네가 갖고 있으면
다 써 버릴 테니 내게
맡겨 두어라.

판사님이
다 가지세요.

뭐? 이 6천
달러까지 다?

네, 저는
돈 쓸 일이
없거든요.

음, 그럼 일단 맡아 두마.
그 증거로 여기에
사인을 해야 하는데……

저도 이제 글자를
배워서 사인할 수
있어요.

허

대처 판사를 만나고, 나는 친구 짐을 찾아갔어.

아버지에 대해서 깜빡 잊고 말을 못했네.

빡
빡
빡

짐, 털 공으로 점 좀 쳐 줘.

짐은 자신의 주먹만 한 털 공 안에 영혼이 있어서 무엇이든지 알아맞힌다고 했어.

내 털 공은 돈을 받아야 입을 열 거야.

자, 여기 돈.

척

우리 아버지가 왜 왔을까?

알고 싶어.

털
털
털
털
털

그건 모르겠고 네 아버지는 여기 머물까 고민 중이래.

그게 뭐야! 별 도움도 안 되잖아.

그날 밤, 나는 기어이 아버지를 만나고 말았지.

흥! 말쑥한 옷을 입었구나.

그래, 그런 옷을 입으니 좋으냐?

그, 글쎄요. 좋은가?

누가 말대답하래!

학교 다닌다고 이 아비를 무시하는 거냐?

꾐

근데 너 진짜로 책 읽을 수 있냐?

읽어 볼까요? 줄줄 좔좔······.

이 녀석이 어디서 건방을 떨어?

탁

악!

그건 그렇고 너 부자 되었다며? 내가 쓸 데가 있으니까 돈 내놔라.

돈 없어요. 대처 판사에게 물어보세요.

우리 아들한테 뺏은 돈 내놔!

법적으로 제 돈입니다.

돈 갖고 와! 어서 돈을 만들어 오라고!

돈을 받지 못하자 아버지는 나에게 또 화를 냈지.

참다못한 내가 돈을 조금 꾸어다 주자, 아버지는 그 돈으로 술을 마시고 난동을 부려서 유치장에 갇혔어.

술 내놔! 술!

새로 온 재판장은 아버지의 포악한 성격을 잘 몰랐던 것 같아.

존경하는 재판장님. 제가 술을 좀 마셨기로서니 어찌 아들을 아비에게서 떼어 놓는단 말입니까?

이건 말도 안 됩니다.

으음, 그건 그렇죠.

내가 당신을 도우리다. 새 옷도 주고, 당분간 우리 집에서 보살펴 주겠소.

감사합니다. 재판장님.

굽신

굽신

재판장의 집으로 간 아버지는 한밤중에 몰래 나와

새 옷을 술로 바꿔 마시고 또 취해 버렸어.

그리고 다시 지붕으로 들어가려다 굴러떨어졌지.

티구루루

으윽!

당신 같은 사람은 큰 벌을 받아야 해!

애고~ 허리야

아버지는 대처 판사에게 돈을 받으려고 재판을 걸었어. 학교에 계속 다닌다고 날 괴롭히기도 했지.

가지 말라는 학교는 왜 가는 거야? 그만둬!

나는 혼날 때마다 돈을 빌려 주었고

고작 이거냐? 더 가지고 와!

아버지는 그 돈으로 술을 마시고 소동을 피워서 유치장 신세를 지는 일을 반복했지.

그런데 어느 날, 아버지가 갑자기 나를 쪽배에 태우고 강을 거슬러 올라가는 게 아니겠어?!

이제부터 너는 저 오두막에서 사는 거다.

아버지는 나를 오두막에 가둬 놓고 감시했어.

출입문에 자물쇠를 채우고 갈 테니 도망칠 생각 말아라.

아버지가 며칠씩 돌아오지 않을 때는 심심해서 미칠 것만 같았지.

여기에 갇힌 채 죽을지도 몰라.

언제까지 이렇게 지낼 수는 없어. 기회를 봐서 도망치자!

허크! 그물에 고기가 걸렸는지 보고 와라!

하~

아버지가 나를 금방 찾을 것만 같았어. 그래서 재빨리 쪽배를 갈대숲에 숨겨 놓고 돌아갔지.

허크, 왜 이렇게 꾸물대는 거냐! 혼나야 정신 차리겠니?

가, 강물에 빠지는 바람에 늦었어요.

그날 오전, 아버지는 강에서 통나무로 만든 뗏목을 건져 냈어.

이걸 팔면 술값은 톡톡히 챙기겠는걸!

아버지는 나를 집에 가둬 놓고 뗏목을 팔러 마을로 갔지.

그리고 값이 나갈 만한 물건들을
숨겨 놓은 쪽배에 모두 실었지.

쪽쪽쪽쪽

아버지가 사라지자마자, 나는
톱으로 문에 걸린 나무 빗장을 썰고
오두막에서 빠져나왔어.

새를 몇 마리
잡아 가야겠다.

부스럭

탱

새를 잡기 위해 총을 쐈는데
우연히도 잡힌 건 멧돼지였어!

오호~ 잘됐다.
나를 찾지 못할
좋은 방법이
생각났어!

구워워

강 가운데 있는 잭슨 섬 깊숙한 곳엔 버드나무 숲이
있어. 밖에서는 전혀 보이지 않는 멋진 곳이지.

아, 좋다.
잠이나 실컷 잘까.

저 위쪽 강가에서 연기가 피어오르는
거 보여? 크크. 내 시체를 물에 뜨게
하려고 대포를 쏘는 모양이야.

쿵

잠시 뒤, 사람들이 섬 가까이에 왔어.

허크가 여기까지
떠내려왔다면
이 덤불 속에
있을 거예요.

나는 그들을 잘 볼 수 있었지만,
그들은 나를 볼 수 없었지.

사람들은 틈틈이 대포를 쏘며 섬 전체를 뒤졌어.
그렇지만 결국 나를 찾지 못하고 돌아갔단다.

쿵

사람들이 사라지자, 나는 배에서 짐을 꺼내
근사한 캠프를 차렸고

물고기도 잡아서 구워 먹었지.

그런데 밤이 되자 외로운 기분이 들어
일찍 잠자리에 들었어.

이렇게 혼자 며칠을 지내자 심심했어. 그래서 섬 탐험에 나섰지.

이제 난 이 섬의 주인이니까 모든 것을 알아 둬야 해.

섬을 살피며 걷다가, 아직 꺼지지 않은 모닥불을 발견했어!

앗! 누가 피워 놓은 거지?

누군가 있을지도 모른다는 생각에 일단은 피했다가, 다음 날 아침 다시 그곳으로 갔는데……

어떤 남자가 담요를 뒤집어쓰고 모닥불 옆에서 자고 있는 게 아니겠어?!

햇살이 비치자 그는 일어나 늘어지게 기지개를 켰어.

아우~ 잘 잤다.

앗! 짐이다!!

짐!!

으악! 죽은 허크잖아! 제발 살려 줘. 난 너한테 잘못 한 게 없어.

짐, 난 귀신이 아냐! 살아 있는 허크라고! 근데 여긴 어쩐 일이야?

엥? 아, 저 그, 그게…….

짐은 와트슨 부인의 노예인데, 집안 사정이 어려워진 부인이 자신을 팔려 하자 도망친 거였어.

허크, 절대 신고하지 않기로 맹세한 거다!

물론이지~. 약속!

나는 더 이상 외롭지 않아서 좋았어. 게다가 둘 다 여기 있다고 알릴 수 없는 처지라 안심이었지.

짐, 나랑 섬을 같이 둘러볼까?

응, 그러자!

우리는 섬 안쪽에서 커다란 동굴을 발견했어.

섬에 누가 오면 여기 와서 숨으면 되겠다, 그치?

허크, 비가 올 것 같아.

물건을 여기로 옮기자.

동굴로 오길 정말 잘했네.

으~. 무시무시한 폭풍우야.

번 쩍

쏴아아아아

비는 무려 열흘 동안 쏟아졌어. 비가 그친 다음 날, 강에 나가 보니 웬 통나무집 한 채가 떠내려왔지 뭐야.

한번 보자. 집 안에 쓸 만한 물건이 있을 수도 있잖아.

창문으로 보니 누군가가 누워 있었어. 짐이 먼저 들어가서 살폈지.

자고 있는 거야?

오지 마! 사람이 죽었어! 끔찍해.

우리는 쓸 만한 물건들을 모조리 쪽배로 옮겼어.

며칠이 지나자, 섬 생활도 지루하고 따분해졌지.

마을 일이 궁금한데 여자로 변장하고 가 볼까?

들키면 어쩌려고?

짐, 나 어때?

우헤헤! 누구든 감쪽같이 속겠다!

저 집에 가서 마을 상황을 들어 봐야지.

안녕하세요.

누구지? 새로 이사 왔나?

네, 궁금한 게 있어서요. 이 마을에 강도와 노예 도망 사건이 있다고 들었는데…….

그 뒤에는 어떻게 되었나요?

그거? 처음엔 모두 허크 아버지가 아들을 죽였다고 의심했어. 그런데 다음 날 짐이 사라지자, 짐의 짓이라고 생각하는 사람들도 생겼지.

네?

허크 아버지는 짐을 잡아 온다며 대처 판사에게 돈을 타더니, 술만 사 마시곤 사라졌대.

사람들은 허크 아버지가 강도 짓처럼 꾸미고, 시간이 지나 조용해지면 돌아와서 아들 돈을 가로챌 것 같대.

결국 도망친 노예 짐과 죽은 아이 허크 아버지에게 3백 달러의 현상금이 붙었어!

그럼 아주머니는 누가 범인인 것 같아요?

내가 볼 땐 짐이 범인이야! 그리고 어디 숨었는지도 알아.

예? 어, 어디요?

강 저쪽 섬이 분명해. 무인도라고 들었는데 연기가 나는 걸 내 눈으로 똑똑히 봤거든.

우리 남편이 오늘 밤에 짐을 잡으러 갈 거야!

맙소사. 빨리 도망쳐야겠다.

섬으로 돌아온 나는 곤히 자는 짐을 깨웠어.

짐 일어나! 시간이 없어! 사람들이 곧 올 거야!

벌떡

짐과 나는 부랴부랴 뗏목에 올라, 강 아래쪽으로 내려갔어.

우리는 크고 작은 마을들을 지나갔지.

가끔 마을에 내려서 먹을거리를 사고

John Shop

옥수수, 수박 같은 것들을 훔치기도 했어.

언젠가 갚을 생각이 있으면 아무거나 빌려도 괜찮다고 아버지가 말했어.

빌린 거 잊지 않게 적어 둬.

낚시와 수영도 하고 이야기도 나누고……. 정말 평온하고 만족스러운 하루하루였어.

그러던 어느 날, 우리는 바위에 부딪힌 큰 배를 발견했지.

저 배에 올라가 보고 싶어.

안 돼! 위험해!

내가 고집을 피우자, 짐은 나와 함께 그 배에 올랐어.

제발 부탁이야! 살려 줘!

이봐, 빌. 총을 거둬.

패커드, 안 돼! 이 녀석은 아주 혼나야 해!

빌, 이리로 좀 와 봐.

이, 이쪽으로 온다. 피해!

저벅 저벅

후다다닥

우리는 보트를 타고 떠나고, 저 녀석은 남겨 두면 돼.

그럼 배가 산산조각 나서 물에 빠져 죽겠지.

좋아. 우리는 값나가는 물건이나 더 챙기자고.

악당들은 다시 배 안으로 들어갔고

탁

짐과 나는 그 틈을 타서 보트를 타고 도망쳤지.

우리는 운 좋게 떠내려오는 새 뗏목도 구했어.

정말 큰일 날 뻔했어! 그런데 이젠 어디로 가지?

난 자유의 땅으로 가고 싶어. 카이로는 노예가 없대.

카이로라…… 그래, 바로 여기. 미시시피 강과 오하이오 강이 만나는 곳!

우아, 얼른 떠나자!

뗏목아 달려라! 카이로까지~!

나는 간다! 자유의 땅으로!

결국 우리는 물에 빠져서 헤어지고 말았어.
나는 겨우 물 밖으로 빠져나와, 불이 켜진 집으로
갔어.

이 밤중에
누구냐?

도와주세요.
물에 빠져 길을
잃었어요.

그들은 나를 도와줬어. 집에는 벅이라는
내 또래 아이가 있었지.

난
벅이라고 해.

반가워.
난 허크야.

내 집이다
생각하고,
편하게
지내렴.

벅의 집에서 사는 건 정말 즐거웠어.
맛있는 요리도 실컷 먹고

아름다운 음악도 즐겨 들었거든.

벅은 내게 정말 잘해 주었어.

허크, 여기서 계속 사는 게 어때?

좋지.

어느 날, 벅의 노예가 나를 숲으로 안내했어.

숲에 뭐가 있다는 거야?

글쎄, 가 보면 알아요.

놀랍게도 숲에는 짐이 있었어! 알고 보니 벅의 노예가 그동안 짐을 보살펴 주었던 거야.

허크!

짐!

나는 정말 기뻤어. 앞으로 우리에겐 좋은 일만 생길 것 같았지.

짐, 죽은 줄 알았어!

사람들 눈에 띌까 봐, 숲에 숨어 있었지.

다행히 이 친구를 만나 도움을 받았어.

탕

벅!!

끔찍한 일이 일어났어. 벅이 이웃 사람이 쏜 총에 맞아 죽고 만 거야. 그 이웃은 벅의 집안과 오랫동안 원수였거든.

벅!! 너 없이 어떻게 살라고…… 흑흑.

나는 더 이상 벅의 집에 머물고 싶지 않았어.

벅, 안녕. 좋은 친구로 지내고 싶었는데……

스윽

나와 짐은 다시 뗏목을 타고 여행을 떠났어.

역시 뗏목 생활이 가장 자유롭고 편해.

나도 그래.

어느 날 강 근처 숲에 갔다가, 쫓기는 것처럼 보이는 두 사나이를 만났어.

허둥 지둥

이, 이봐. 혹시 강 근처에 나룻배가 있던가?

우리 뗏목이 있긴 한데……

저기 있다!

잡아라!

우르르르

뛰어!

잡히면 죽을 거야!

파바바박

우.. 우린 왜 뛰지?

엉겁결에 우리는 두 사람과 함께 도망쳤어. 그들은 안전해지자, 자기들 이야기를 하기 시작했지.

난 치약을 팔았는데 가짜라는 걸 들켜 버렸어. 사람들이 돈 내놓으라며 달려드는데…….

난 술을 끊자는 모임을 만들어서, 강연도 하고 돈도 제법 벌었어.
그런데 몰래 술 마시다가 들킨 거야. 화가 난 사람들한테 쫓기게 되었지.

두 분이 서로 모르는 사이였네요.

에휴, 공작의 후손인 내가 어쩌다가 이런 떠돌이 생활을 하는 건지…….

앗! 귀족 이셨어요?

자네도 참 불쌍하지만, 나에 비하면 아무것도 아니야. 흠흠.

믿지 않겠지만 사실 나는…… 프랑스의 황태자야.

루이 16세의 잃어버린 아들, 루이 17세.

루이 17세!! 아이고, 몰라봤어요.

넙죽

음~ 세다. 나도 왕이라고 할걸.

사실 나는 다 거짓말인 걸 알았지만 모르는 체했어. 귀찮게 싸우고 싶지 않았거든.

그냥 '왕', '공작'이라고 불러 주지, 뭐.

폐하, 우리 같이 공연할까요? 연극해서 돈 좀 벌자고요.

좋아! 멋지게 연극해서 왕창 돈을 벌자!!

우리는 강 근처 작은 마을에서 공연을 시작했어. 처음엔 관객이 겨우 12명이었지.

아우, 재미없어.

에이, 괜히 시간 낭비했어.

이튿날 공작은 새로운 광고를 마을에 붙였어.

주목

세계적으로 유명한 배우들 출연

딱 3일만 공연함

그날 밤, 극장 안은 사람들로 가득 찼어.
그러나 연극이 재미없자, 모두 화를 냈지.

이게 뭐야.

진짜 재미
짱이다.

우~
시시하다!

돈 아깝다!

입장료
물어내!

우린 속았어요.
이렇게 형편없을 수가!

이런 걸 비싼 값에
봤다고 하면
웃음거리가
될 겁니다.

그러니 밖에
나가서 이 연극을
칭찬합시다.

그래야 다른
사람도 속고,
우릴 비웃지
못하겠지.

웅성 웅성 웅성

다음 날에는 연극이 굉장히 재미있다는 소문이 마을에 퍼졌어.
그 덕분에 많은 사람들이 몰려왔지!

와글

자아~
줄 서세요!

진짜
재미있대.

다들 이렇게
멋진 연극은
처음이래.

아!
기대된다!

와글

와글

그다음 날도 극장은 꽉 찼어. 그런데 알고 보니, 대부분이 전날
밤에 왔던 사람들인 거야!

자, 곧 공연이
시작됩니다.

스스스

눈치를 챈 공작은 무대
뒤쪽으로 와서 말했어.

분위기가
안 좋아.
도망치자.

젖 먹던 힘을
다해서 뛰어!

오늘은 그냥
넘어가지
않겠어!

우다닥

혼쭐을
내 주자고!

뗏목에 오르자, 극장에 남겨진 왕이
생각났어.

어휴, 불쌍한 왕.
지금쯤 된통
당하고 있겠다.

할 수
없지, 뭐.

헥
헥

그런데 왕은 뗏목 안의 천막에 있었지 뭐야.

자네들
왔나?

어? 여기
계셨어요?

컥

우리는 뗏목을 타고 마을에서 멀리 도망쳤어.

으하하하!
난 사람들이
오늘 밤에 복수하러
올 줄 알았거든.

큭큭큭.
화난 사람들
표정 봤어요?
정말 분했나 봐.

허크,
왕이나 귀족은
다 저렇게 나빠?

응,
아마
그럴걸.

다음 날, 나는 왕과 쪽배를 타고 근처에 머무를 만한 마을을 살펴 보러 갔어. 짐과 공작은 뗏목에 남아 있었지.

가는 길에 웬 사나이를 만났어.

젊은이, 어디 가시오?

여객선을 타러 가는 중이에요.

거기까지 태워 줄 테니 타시오.

고맙습니다. 전 얼핏 하비 윌크스 씨라고 생각했어요.

네? 그 사람이 누구죠?

우리 마을에 피터 윌크스라는 부자가 있는데, 그 사람 형이에요.

피터 영감은 형을 기다리다가 큰돈을 남긴 채 죽었죠.

그 순간, 왕의 눈빛이 번뜩였어. 왕은 귀를 쫑긋 세우고 피터 씨에 대한 이야기를 들었지.

예.

피터 씨에게는 세 딸이 있고, 영국에는 형과 동생이 있군요.

친구나 다른 친척에 대해서도 아는 대로 이야기해 주세요.

음, 친구로는 의사 선생님이 있어요.

청년이 떠나자, 왕은 서두르기 시작했어.

공작에게 잘 차려입고, 여행 가방 갖고 빨리 오라고 해라.

?

왕은 자신이 피터 씨 형인 하비 흉내를 낼 테니, 공작더러 동생 윌리엄인 척하라고 했어. 그리고 나에게는 하인 역할을 시켰지.

피터 씨의 세 딸은 왕을 큰아버지로 알고 뛰어왔어.

큰아버지!

피터 씨 집에 도착한 둘은 관을 보고 큰 소리로 울었어.

형!!

피터~ 영국에서 여기까지 왔는데, 너를 만나지 못하다니! 엉엉! 내 동생아.

왕은 정말 하비인 척, 마을 사람들의 안부를 묻기도 했지.

피터가 마을 사람들에 대해 종종 편지로 말하곤 했지요.

참, 아버지가 남긴 편지가 있어요!

왕은 큰딸 메리 제인이 가져온 편지를 큰 소리로 읽었어.

집과 재산 3천 달러는 나의 딸들에게 나누어 주고, 집 몇 채는 영국에 있는 형제들에게 남깁니다.

그리고 지하실에 6천 달러를 숨겨 두었으니, 찾아서 필요한 곳에 쓰길 바랍니다.

와아! 6천 달러나!!

왕은 지하실에 가서 돈을 가져왔고,

여러분, 우리는 이 돈을 조카딸들에게 나눠 주겠어요.

자, 얘들아 받아라! 이건 모두 너희들 것이다!

감사합니다!

작은 아버지!

정말 아름다운 모습이야.

멋지고 착한 형제들이야.

짝

짝

짝

짝

당신들은 사기꾼이 분명해!

나는 이토록 서투른 영국인 흉내를 본 적이 없소!

그때 피터 씨 친구인 로빈슨 의사가 장례식장에 나타났어.

그러자 왕과 공작보다 동네 사람들이 먼저 나섰어.

의사 선생님, 이분들은 사기꾼이 아니에요.

돈도 다 나눠 줬는걸요.

아버지 형제가 아니라면 마을 사람들에 대해 어떻게 아시겠어요?

흥! 난 못 믿겠어!

어디서 듣고 와서 아는 척하는 게 분명해.

제발 내 말을 믿고 저 악당들을 내쫓으렴.

그럴 수 없어요.

큰아버지, 이 돈을 갖고 계시다가 저와 동생들을 위해 써 주세요.

아무도 자신의 말을 듣지 않자, 의사는 화가 나서 밖으로 나가 버렸어. 예잉~ 흭

세 딸은 모두 친절하고 마음씨가 착했어.

허크는 아직 어리니까 외로울 거야. 우리가 잘해 주자.

알았어, 언니.

필요한 게 있으면 뭐든 말해.

네.

이 착한 아가씨들의 돈을 왕과 공작이 훔치게 둘 수는 없어.

아까 그 의사 선생님한테 몰래 알릴까?

아니야. 내가 말한 걸 알면, 왕과 공작이 나부터 해치려고 할 거야.

아니면 돈을 들고 그대로 도망갈지도 모르지. 어쩌면 좋을까?

그렇지! 돈을 빼내서 숨겨 두자. 메리 제인에게는 나중에 편지로 알리면 돼.

나는 돈을 가져오기 위해, 왕이 머무르는 방으로 갔어.

분명히
이 방 어딘가에
돈이 있을
텐데…….

앗, 발소리!

저벅
저벅

우다다닥

하인들이 청소
하다가 돈주머니를
발견하면 훔칠지도
모르잖아.

그렇죠.
안전한 게
최고죠.

왕은 돈주머니를 침대 아래 넣었어.

여기 이렇게
넣어 놓으면
아무도 모르겠지.

이제
도둑 걱정은
없겠네요.

왕과 공작이 나간 뒤,
나는 곧바로 돈주머니를 꺼냈어.

스으

그리고 한밤중에 돈주머니를 들고 거실로 내려갔지.

이걸 어디에 숨길까?

앗! 이 시간에 누가 내려오는 거지?

놀란 나는 옆에 놓인 관 속에 돈을 넣어 버렸어.

거실로 내려온 사람은 큰딸 메리 제인이었어.
메리 제인은 관 앞에서 한참 동안 흐느꼈어.

아버지,
흑흑.

다음 날, 피터 씨의 관은 묘지에 묻혔지.

흑흑

흑흑

피터, 부디
천국으로 가렴.

애들아, 나와 같이 영국으로 가자꾸나. 영국에 가면 넓은 집과

아름다운 별장도 있어. 우리가 너희를 보살펴 주마.

정말요? 함께 가도 돼요?

아~ 감사합니다.

왕과 공작은 영국으로 떠나기 전에 재산을 처리해야 한다고 했지.

집, 노예 등 모든 재산을 경매에 부치면 금방 팔릴 거야, ㅎㅎㅎ.

우린 정말 머리가 좋아요!

왕과 공작의 예상대로 피터 씨 집안의 노예들은 금방 팔렸어. 노예 가족은 뿔뿔이 흩어지게 됐지.

여자아이는 내가 사겠소.

아얏!

엄마!

너희들은 날 따라와.

애들이랑 헤어지지 않게 해 주세요, 흑흑.

아……

다음 날, 왕과 공작이 급한 목소리로 나를 깨웠어.

허크, 너 혹시 내 방에 들어간 적 있냐?

아니면 누가 들어간 걸 본 적 있어?

네? 아, 아니요.

노예들이 훔친 게 분명해!

에잇, 이젠 어떻게 해요!

나는 메리 제인에게 모든 사실을 알리기로 결심했어.

허크, 무슨 일이야?

저…….

모든 것을 알게 된 메리 제인은 머리끝까지 화가 났지.

나쁜 사람들! 용서 못해!

조심해요. 또 무슨 일을 저지를지 몰라요.

나는 메리 제인을 달래며 두 사기꾼을 잡을 계획을 말해 주었어.

일단 볼일이 있다고 하고 집을 나가세요.

돈은 제가 관 속에 넣어 뒀어요.

으응, 그래. 알았어.

메리 제인이 잠시 집을 나간 사이에 놀라운 일이 일어났어.

당신들이 하비와 윌리엄이라고? 사기꾼들! 우리가 바로 하비와 윌리엄이라고!!

무슨 소리요? 우리가 진짜요. 누구한테 사기꾼이래?

대체 어느 쪽이 진짜지?

이제 들통 나겠군!

이럴 수가…….

너희들 벌써 돈주머니 빼돌렸지?

아니라면 지금 보여 줘 봐!!

돈은 …….

노, 노예들이 몰래 훔쳐 갔소이다.

거짓말!!

그때 진짜 하비와 윌리엄을 찾아 주겠다며 변호사가 나섰어.

좋소. 얼른 판결을 내리시오!

내가 판결을 내리겠소. 먼저 여기에 이름을 쓰시오.

엥? 이름을?

하비 씨가 제게 보내온 편지입니다. 글씨를 비교해 보죠.

이상하네. 같은 글씨체가 없어.

사실 내 글씨를 알아보는 사람은 거의 없어요.

그래서 항상 윌리엄이 내 편지를 베껴서 다시 써 줬지요.

그런데 제가 지금 손을 다쳐서……

거참…….

이런 변명을 하다니! 이게 바로 사기꾼 수법 아니오? 당신도 한패지?

아, 아니오.

잠깐! 피터 가슴에는 문신이 있어요.

형제라면 그 문신이 무슨 모양인지도 알 테지요!

오! 그게 확실하겠네.

자네, 피터의 문신을 본 적 있나?

아니.

이젠 다 밝혀지겠군.

이제 순순히 털어놓으시지.

흥! 누가 할 소릴!

문신은 가느다란 푸른 화살 모양이었지!

틀렸어! 글자 P, B, W야!

그렇죠?

누구 문신 본 사람 없어요?

변호사! 당장 판결을 내리시오!

내 말이 진짜야! 저 사기꾼들은 감옥으로 보내요!

그만! 모두 조용히 하세요!

내 말이 진짜라니까!

누구 말이 진짜야?

방법은 한 가지! 직접 확인합시다!

좋아요, 묘지로 갑시다!

관 뚜껑을 열면 누가 진짜인 줄 알겠죠!

으~ 진짜 왕 뻔뻔하다!

비바람이 치는 어두운 밤이었어.

관 뚜껑을 열 때, 번갯불이 번쩍였지.

이게 뭐야?
돈주머니가
여기에 있어!

뭐?
어디?

나는 사람들이 웅성대는 틈을 타서 쏜살같이
도망쳤지. 짐이 있는 강가의 뗏목까지 말이야.

정말?
잘했어!

짐, 가자!
사기꾼들에게서
빠져나왔어.

앗! 그런데 그때 왕과 공작이 나타난 거야!

이 녀석! 혼자 도망치다니!

아, 안 그러면 사람들이 날 죽일 것 같아서 겁이 났어요.

허크를 놓아줘. 바보 영감탱이야.

처음부터 돈만 챙기면 됐을 텐데 당신 욕심 때문에 다 망쳤어!

뭐라고? 네가 훔친 거 아냐?

뭐? 이제 나를 도둑으로 모는 거야?

지금 한번 해 보자는 거야?!

한바탕 싸우다가 겨우 화해한 왕과 공작은 우리와 뗏목을 타고 여행을 계속했어.
그런데 이들이 내가 없는 틈에 짐을 팔아 버린 거야!

노예 값이 너무 싸. 40달러가 뭐야.

반은 내 몫이니, 내놔요!

짐을 팔다니! 용서 못해!

나는 짐을 찾으러 사방팔방 돌아다녔지.
그러다 결국 짐이 있는
집을 찾아냈어.

실례
합니다!

드디어 왔구나!
이 샐리 이모를
알아보겠니?

벌컥

네, 네?

사일러스!
톰 소여가 왔어요!
어서 나와 봐요!

톰이
라고??

그곳은 내 친구 톰의 이모 집이었어! 샐리 아줌마는
나를 톰으로 착각하고 매우 기뻐했지. 엉겁결에 난
톰인 척 연기를 했어.

저랑 가장
친한 친구는
허크인데요……

나는 짐을 찾을 생각으로 잠시 나왔어.

빨리 짐을
찾아야
할 텐데……

그때 저쪽에서 걸어오는 톰이 보였어.

톰!

으어어~ 허크 귀신이잖아! 난 너한테 나쁜 짓 한 적 없어. 살려 줘!

톰, 난 귀신이 아니야. 죽지 않았다고!

톰은 나를 만지고 나서야 겨우 마음을 놓고 기뻐했어.

아아, 잠깐. 내 이야기를 들어 봐.

도대체 어떻게 된 일이야? 죽었다고 들었어!

나는 톰에게 내가 톰인 척 연기한 사정을 말해 주었어.

하하하! 재밌다. 그럼 난 사촌 동생 시드인 척할게.

부부는 우리를 기쁘게 맞아 주었어.

이모, 사촌 시드를 만나서 같이 왔어요.

안녕하세요, 시드예요.

정말 잘 왔다. 편히 지내렴.

꾸벅~

이튿날, 톰은 집 뒤의 오두막에 짐이 갇혀 있다는 걸 알아냈어.

짐이 저기에 있다고 들었어.

짐을 탈출시켜야 해.

저 판자만 뜯어내면 될 것 같은데!

너무 쉽잖아. 재미도 없고.

오두막에서 저 헛간까지 땅굴을 파자!

땅굴을?

톰은 책에서 읽은 '죄수 탈출 방법'을 생각해 냈어.

먼저 땅을 팔 도구가 필요해!

그리고 짐의 밧줄을 풀어 줄 칼과……

으으~ 복잡해.

결국 짐은 탈출에 성공했지만

노예가 도망친다!

사람들에게 들키고 말았지. 우리는 짐을 데리고 도망쳤어.
그런데 그만 톰이 총에 맞은 거야.

탕

탕

후다다다

아악!

우린 급히 뗏목으로 올라갔어. 그런데 톰을 살펴보니
매우 위험한 상태였지.

아파.

의사를
데리고
올게.

그 길로 쭉
내려가면 뗏목에
환자가 있어요.

끼이익

그래~
알았다.

끼이익

톰! 위험한데
거기서 뭐하니?

나는 결국 사일러스 아저씨에게
붙들려 집으로 돌아왔어.

가자~

톰, 제발
무사해.

다음 날 아침.

환자는 정말 위험했어요. 만약 짐의 도움과 간호가 없었더라면 살아나지 못했을 거예요.

대체 왜 노예를 도와준 거니?

짐, 고마워.

뭐?

짐은 이미 자유의 몸이에요. 와트슨 부인이 그렇게 유언을 남겼죠.

그걸 왜 이제 말해?

그냥. 모험을 하고 싶었거든.

휙

그때, 그동안 톰을 돌보았던 폴리 아줌마가 갑자기 나타났어. 결국 내가 톰 행세를 한 것이 들통 나고 말았지.

톰, 널 보내고 도저히 안심이 안 되어서 왔단다.

어?! 넌 허크잖아?

아······.

왜 톰 보고 허크라고 하지?

뭐가 뭔지 모르겠네.

스 슥

결국 그날 모든 이야기는 밝혀졌어.

톰은 자유의 몸이 된 짐에게 약간의 돈을 주었지.

나를 잘 간호해 준 보답이야.

고, 고마워!

허크, 우리 또 여행을 떠날까? 인디언 마을로!

난 여행할 돈이 없어. 아버지가 내 돈을 모두 찾아 썼을걸.

아마 돈은 그대로일 거야.

뭐?

그때 강으로 떠내려온 통나무집 기억나?

그 안에 있던 죽은 사람이 네 아버지였어.

샐리 아주머니는 나를 가엾게 여겨서 돌봐 주겠다고 했어. 하지만 난 또 엄격한 교육을 받을까 봐 거절했지.

허크, 우리와 함께 살지 않겠니?

그건 좀······.

자, 떠나자!

자유를 찾아서!

모험은 정말 신 나!

세계명작

지식 쏙 상식 쏙쏙

한눈에 보는 〈허클베리 핀의 모험〉

　동굴에서 많은 돈을 발견해 부자가 된 허크(허클베리 핀)와 톰(톰 소여). 허크는 돈을 대처 판사에게 맡기고 더글라스 부인의 집에서 지내요. 하지만 더글라스 부인의 엄격한 교육에 답답함을 느끼지요. 그러던 어느 날 돈을 노리고 나타난 허크의 아버지는 허크를 끌고 가서 오두막에 가둬요. 허크는 가까스로 그곳을 빠져나와 잭슨 섬으로 도망가요. 그리고 우연히 와트슨 부인(더글라스 부인의 언니)의 노예 짐을 만나지요. 두 사람은 뗏목을 타고 함께 미시시피 강을 따라 모험을 하며 여러 가지 사건에 휩쓸려요. 강에 빠져 헤어졌다 다시 만나기도 하고, 사기꾼인 가짜 왕과 공작을 만나 소동에 휘말려요. 가짜 왕과 공작은 허크 몰래 짐을 팔아넘기고, 허크는 우연히 만난 톰과 함께 짐을 구출하지요. 그런데 알고 보니 와트슨 부인이 죽으면서 짐을 노예 신분에서 풀어 줬고, 허크의 아버지도 이미 목숨을 잃은 후였어요. 모두 자유의 몸이 된 거예요! 사건은 마무리되었지만, 허크는 또 다른 모험을 꿈꿔요.

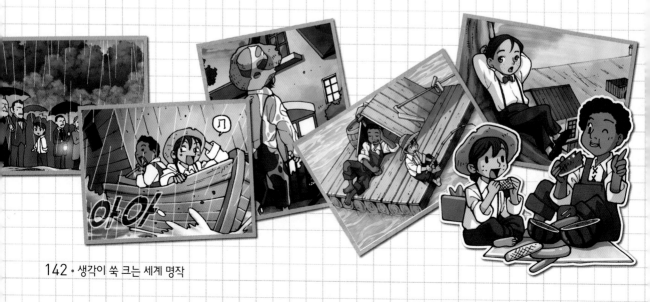

작가를 알면 작품이 보인다!

⭐ 마크 트웨인
(Mark Twain, 1835~1910)

본명은 사무엘 랭그혼 클레멘스예요. 가난한 집안에서 태어나 제대로 교육받지 못했지만, 책을 읽으며 지식을 쌓았어요. 청년 시절에 미시시피 강에서 뱃길을 안내하는 일을 했는데, 이때의 경험으로 '마크 트웨인'이란 필명을 짓고, 작품도 만들었어요. 《톰 소여의 모험》, 《미시시피 강의 생활》, 《허클베리 핀의 모험》은 마크 트웨인이 미시시피 강가에 살았던 경험을 바탕으로 쓴 거예요. 왕자와 거지가 서로 옷을 바꿔 입고 운명이 뒤바뀐 이야기 《왕자와 거지》도 그의 작품이랍니다.

내 필명 마크 트웨인은 배가 지나가기에 안전한 물의 깊이를 뜻해. 뱃길 안내원이 '마크 트웨인!'이라고 외치면 가도 된다는 말이지.

⭐ 마크 트웨인의 다른 작품

〈톰 소여의 모험, 1876〉

이 작품을 읽진 않았어도 톰 소여라는 이름은 들어 봤을 거예요. 말썽꾸러기 톰과 친구들의 신 나는 모험 이야기지요. 톰과 친구들은 해적놀이, 보물찾기 같은 모험을 하며 힘든 일이 생겼을 때 함께 헤쳐 나가는 방법을 배운답니다. 여기서 잠깐! 톰의 가장 친한 친구는 허크예요. 익숙한 이름이라고요? 맞아요. 허크는 훗날 《허클베리 핀의 모험》의 주인공이 되지요.

먼저 《톰 소여의 모험》을 읽으면, 내 이야기가 더 재미있을 거야!

✤ 인종 차별, 노예 제도 난 반댈세!

마크 트웨인이 살던 시절 미국에는 노예 제도가 있었어요. 백인은 흑인이 자신들과 같은 사람이라고 생각하지 않고 함부로 대하고, 물건처럼 사고팔았지요. 마크 트웨인은 이러한 문제를 꼬집고 싶었어요. 그래서 작품에 백인 소년 허크가 흑인 노예 짐의 탈출을 돕는 내용을 쓴 거지요. 처음 이 책이 발표되었을 때 많은 백인들이 백인과 흑인이 친구가 되어 함께 모험하는 이야기를 비난

했어요. 하지만 시간이 지나면서 자유와 평등을 소중하게 생각하는 사람이 많아지고, 더불어 이 작품도 좋은 평가를 받게 되었어요.

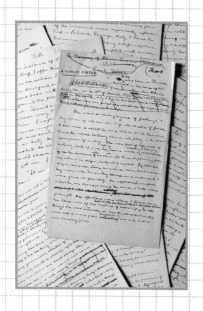

✤ 100년 만에 모습을 드러낸 마크 트웨인의 흔적

마크 트웨인은 자신의 일생에 대해 5천 쪽 정도의 기록을 남겼어요. 그리고 자신이 죽은 후 100년간 책으로 만들지 말아 달라고 부탁했지요. 이 원고를 보관해 온 캘리포니아 대학교 버클리는 마크 트웨인이 죽은 지 100년 되는 때인 2010년에 그의 자서전을 출간했어요.

같은 해 6월, 미국 뉴욕의 소더비 경매소에는 마크 트웨인이 직접 쓴 원고가 등장했어요. '가족 스케치'라는 제목의 이 원고는 24만2천5백 달러, 우리나라 돈으로 약 3억 원에 팔렸어요. 24살의 젊은 나이에 병으로 죽은, 사랑하는 딸 수지에게 바친 작품이라고 해요.

우리가 어째서?!

뻔뻔상
왕과 공작
돈을 빼앗기 위해 최고의 연극을 보여 준 왕과 공작. 그렇게 뻔뻔하게 살지 맙시다!

개구쟁이상
톰
모험을 즐기기 위해 거짓말을 한 톰! 넌 정말 못 말려~.

깐깐상
더글라스 · 와트슨 부인
허크에게 엄격한 교육을 시킨 두 사람. 정말 빈틈없이 깐깐해요.

용감상
짐
노예의 신분에서 벗어나 자유를 찾기 위해 떠난 짐의 용기에 박수를!

친절상
벅과 메리 제인
허크를 따뜻하게 보살펴 준 두 사람. 정말 고마워~!

왜~ 나는 상을 안 줘! 응?!

키워드로 보는 세계 명작

✹ 오늘의 단어 '모험'

"앞으로 20년 뒤 당신은 했던 일보다 하지 않았던 일 때문에 더 실망할 것이다. 그러니 밧줄을 풀고 안전한 항구를 벗어나 항해를 떠나라. 탐험하고, 꿈꾸며, 발견하라." 마크 트웨인

세계 명작 중에는 모험을 다룬 이야기가 참 많아요. 마크 트웨인의 《톰 소여의 모험》, 《허클베리 핀의 모험》을 비롯하여 세르반테스의 《돈키호테》, 쥘 베른의 《15소년 표류기》, 다니엘 디포의 《로빈슨 크루소》 등이 대표적이지요. 《15소년 표류기》와 《로빈슨 크루소》는 둘 다 무인도 생활을 다룬 모험 이야기예요. 어떠한 어려움이 닥치더라도 포기하지 않는다면 이겨 낼 수 있다는 교훈을 준답니다.

등장인물

왓슨
홈스의 친구로
탐정 일을 도와줘요.
직업은 의사예요.

셜록 홈스
뛰어난 추리력을 가진
탐정이에요. 왓슨과 함께
수많은 사건을 해결해요.

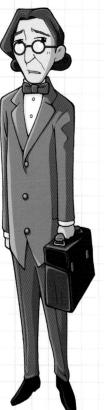

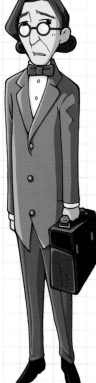

헨리 바스커빌
찰스 경의 유산을 물려받는
친척이에요. 누군가에게
위협을 받고 있어요.

모티머 박사
찰스 경을 보살핀 의사로,
그의 죽음에 의문을
가지고 홈스에게 사건을
의뢰해요.

열 번째 세계 명작

바스커빌가의 개

원작 **아서 코난 도일**
각색 **비주얼**
그림 **임해봉**

바스커빌 저택과 유산은 찰스 경의 친척인 헨리 경이 물려받는다더군. 미국에 살던 헨리 경은 이 소식을 듣고 영국으로 왔어.

그런데 모티머 박사는 헨리 경마저 저주를 받을까 봐 걱정하더라고.

나 참, 별걱정을 다하는군.

참, 그들이 우릴 찾아오기로 했네.

어서 오세요.

모티머 입니다.

헨리 바스커빌입니다. 부탁할 사건이 있어 왔어요.

무슨 일이죠?

오늘 아침에 일어나니 구두 한 짝이 없어졌지 뭡니까.

한 짝만요? 이상한 일이군요.

또 이런 편지도 받았고요.

목숨이 아깝거든 황무지에 접근 하지 마라!

아무래도 당신 혼자 저택에 가는 건 위험할 듯하군요.

그런데 나는 할 일이 남아서……

아! 왓슨 박사가 헨리 경을 지켜 주면 어떨까요?

뭐? 내가?

설마 무서운 거야?

그럴 리가! 간다고, 가!

나는 홈스 대신 헨리 경과 함께 바스커빌 저택으로 떠났다. 그리고 홈스에게는 편지로 그곳 상황을 알려 주기로 했다.

다그닥

다그닥

왓슨 박사, 정말 고맙습니다.

별말씀을요. 그런데 웬 군인들이 이렇게 많죠?

감옥에서 탈출한 살인범을 찾고 있대요.

저기가 바스커빌 저택입니다.

저택에 도착하자, 집사인 배리모어와 그의 부인이 우리를 맞이했다.

반가워요.
앞으로
잘 부탁해요.

기다리고
있었어요,
헨리 주인님.

죄송하지만,
새 집사를 구하면
저희는 여길 떠나기로
했어요.

이런!
아쉽군요.

왜
떠나려는
거지?

어라, 부인의
눈이 운 것
같은데······.

뭔가 이상해.
찰스 경의 시신을
처음 본 사람이
배리모어라고
했지. 혹시 저자가
범인?

다음 날, 나는 바스커빌가의 저주가 내려온다는 황무지를
조사하러 나갔다.

혹시
왓슨 박사님
입니까?

저는 스태플턴입니다. 모티머 박사에게 이야기 들었어요.

아, 이곳에 동물을 연구하는 학자가 있다더니!

저기는 옛날 사람들이 살던 움집입니다.

스태플턴은 황무지를 안내해 주었다.

그때 이상한 소리가 들렸다.

우우우우우

이게 무슨 소리죠?

저곳은 뭔가요?

저기는 그림펜 늪으로 한번 빠지면 살아 나올 수 없는 곳이에요!

사람들은 바스커빌가의 저주에 나오는 개 울음소리라고 하던데, 한번 살펴보고 오죠.

타다닥

?

바스락

누구지?
대단한
미인인데!

당장 여기를
떠나세요,
헨리 경!

안녕하…….

예? 저는 헨리 경의
친구 왓슨인데요.

어머, 제가
실수했군요.

전 스태플턴의
동생 베릴이에요.

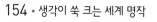

그런데 왜 떠나라는 말씀을……?

바스커빌가의 저주를 피해야 하니까요.

이 얘긴 오빠에게 비밀로 해 주세요.

왜죠?

오빠는 바스커빌가에 사람이 와서 살아야 이 지역이 발전한다면서, 저주 이야기를 꺼내면 싫어해요.

그때 스태플턴이 돌아왔다.

역시 개는 없더군요.

그날부터 나는 매일 홈스에게 편지를 써서 이곳 상황을 알렸다.

친애하는 홈스 잘 지내고 있는가

스슥

오늘은 헨리 경이 스태플턴 남매를
초대했다네. 헨리 경과 베릴은
서로 첫눈에 반한 듯했어.
정말 잘 어울리는 한 쌍이야.

이튿날 두 사람이 들판에서 만난
대서 몰래 따라가 보았네.

그런데 스태플턴 씨가 둘이 만나는
것을 보고 엄청 화를 내지 뭔가!
부자에다 친절한 헨리 경이
여동생과 잘 지내면 좋을 텐데,
왜 화를 내는 걸까?

저녁 때 스태플턴 씨가 헨리 경에게
사과를 했네. 하나뿐인 여동생이
자기 곁을 떠날지도 모른다고 생각하니
화가 났다고 말이야.

늦게까지 편지를 쓰는데
밖에서 소리가 들렸다.

삐걱
삐걱

배리모어 잖아? 이 시간에 어딜 가는 걸까?

누군가에게 신호를 보내고 있네? 수상해. 역시 저자가 범인?

스윽

억

쿵 쿵 으악

무슨 일이야! 도둑 인가?!

벌컥

헨리 경! 배리모어가 창밖으로 신호를 보내고 있었어요.

이 사람이 찰스 경을 죽인 범인 같습니다!

아, 아니에요! 오해입니다. 주인님!

자네 정말 끔찍하군! 당장 경찰을 부르겠네.

안 돼요!

벌컥

신호를 보낸 건 감옥에서 탈출한 제 동생에게 음식을 전해 주기 위해서예요!

감옥에서 탈출한 살인범이 당신 동생이란 말이오?

네, 흑흑!

주민들의 안전을 위해서라도 그를 잡아야 해요!

맞아요!

헨리 경과 나는 즉시 황무지로 나갔다.

우우우우

이, 이게 무슨 소리죠?

주민들은 바스커빌가의 저주에 나오는 개 울음소리라고 한다는군요.

홈스도 황무지에 가지 말라고 했는데, 이만 돌아갑시다!

앗, 저기에!

우린 탈옥수를 뒤쫓았지만 그는 재빨리 도망쳤다.

후다닥

정말 빠르군!

헉 헉

어쩔 수 없이 돌아가려는데, 문득 달빛 아래
한 남자가 서 있는 게 보였다.

헨리 경!
저기
사람이?

하지만 헨리 경을 부르는 사이에 그는
사라져 버렸다.

탈옥수는
아니고,
누구였을까?

저택에 돌아오자, 배리모어가 헨리 경에게 탈옥수 잡는
것을 그만둬 달라고 부탁했다.

좋아, 그가 멀리
떠나기만 한다면
상관 않겠네.

고맙습니다!
그리고 찰스 주인님에
관해 말씀드릴 게
있어요.

사건 날 주인님을 들판으로 부른 사람이 있어요.

누구죠?!

잘은 모르지만, 며칠 전 서재에서 주인님이 태운 편지를 발견했는데…….

타다 만 종이에 글씨가 쓰여 있었어요. 여자가 쓴 글씨체 같았어요.

꼭 이 편지를 태우고 10시까지 문 앞으로 나와 주세요.
- L. L

나는 당장 홈스에게 편지를 썼다.

L. L이란 사람이 매우 의심돼. 들판에서 본 남자와 관련이 있는 게 아닐까? 내일 당장 그 여자를 찾아보겠네!

다음 날 나는 로라 라이언스(L. L)라는 이름의 부인을 찾아냈다.

안녕하세요. 전 바스커빌 경의 친구입니다.

집에 아무도 없네요. 혼자 사시나요?

네, 남편과 따로 살아요. 집안 형편이 어려워서 찰스 경, 모티머 박사와 스태플턴 씨의 도움을 받아 왔죠.

두리번 두리번

부인, 찰스 경에게 만나자는 편지를 보낸 적 있죠?

무, 무슨 소리죠? 그런 적 없어요!

이미 편지 내용도 알고 있어요. '꼭 이 편지를 태우고……'

그 편지는 태운 줄 알았는데! 맞아요, 제가 보냈어요.

난폭한 남편과 이혼하기 위해 돈을 빌리려고 편지를 쓴 거예요.

그럼 왜 약속 시간에 나가지 않았죠?

다른 곳에서 돈이 생겼거든요.

그런데 그분이 그날 돌아가실 줄이야!

흑흑

그녀의 말은 진실인 것처럼 보였지만, 왠지 찜찜한 기분이 들었다.

다그닥

다그닥

그때 황무지의 움집에서 한 소년이 두리번거리며 나오는 것이 보였다.

잠깐, 마차를 세우게!

이 마을에서 저렇게 어린 소년을 본 적이 없는데…….

소년이 사라지자마자, 나는 소년이 나왔던 움집으로 들어갔다.

앗! 누군가에게 음식을 전달하고 있었군!

탈옥수는 떠났다고 했는데. 그럼 저 음식을 받을 사람은 누구지?

나는 총을 꺼내 들고, 그를 기다렸다.

내가 정체를 밝힐 테다!

그때 봤던
그 사람일까?

어서 와라!

친구, 그 안보단 바람
부는 이 바깥이 훨씬
상쾌하고 좋다네.

아니!
이 목소리는!!

홈스!

하하~ 용케도
날 찾았군!

움집 안의 인물이
자네였다니!

홈스는 이곳에서 정체를 숨긴 채 사건을
조사해 온 것이었다.

자네 편지 덕분에
중요한 단서를 잡았어.

L. L(로라 라이
언스) 부인 얘긴
가? 방금 그녀를
만나고 왔네.

그럼 라이언스 부인이
스태플턴과
사귀는 것을 알아챘나?

뭐?!
정말?

스태플턴은 자기 아내 몰래
라이언스 부인과 사귀어 왔어.

아내?
스태플턴에게
아내가 있다고?

후훗, 자네는 스태플턴 남매가
서로 닮아 보이나?

헉!

그럼 베릴 양이
스태플턴의 아내?

그래서 스태플턴이
헨리 경과 베릴 양
사이를 방해한 거야.

난 스태플턴이 사업에
실패한 뒤 아내와
이곳으로 왔다는
사실을 알아냈네.

맙소사!

왜 그런 짓을 저질렀는지 모르겠지만,
그가 이 사건의 범인인 건 틀림없네.

그건 그렇고,
헨리 경은
혼자 있나?

아!
어서 들어가야…….

가까운 곳에서 들렸어!

이쪽이야!

크르르르

그 개의 소리다!

나 때문이야! 내가 그를 혼자 둬서……

소리가 난 곳으로 찾아가 보니, 절벽 아래에 어떤 남자가 쓰러져 있었다.

맞아! 저번에 본 헨리 경의 옷이야!

저 옷은 헨리 경?!

아, 아니!

스윽

휙

왓슨! 이 사람은 헨리 경이 아냐!

뭐라고?

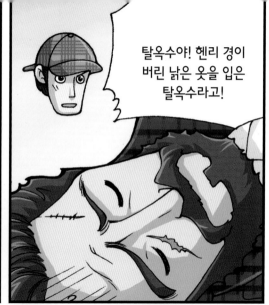

탈옥수야! 헨리 경이 버린 낡은 옷을 입은 탈옥수라고!

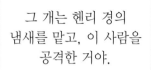

그 개는 헨리 경의 냄새를 맡고, 이 사람을 공격한 거야.

스태플턴이 구두를 훔친 건 개에게 냄새를 가르쳐 주기 위해서였어.

쉿! 그가 오고 있네!

왓슨 박사님? 무슨 일이시죠?

탈옥수가 쫓기다가 절벽에서 떨어져 죽은 것 같아요.

아, 정말요?

홈스 선생이시죠? 사건을 해결하러 오셨나요?

아, 별것 아닌 사건 같아서 내일 돌아가려고요.

아니, 그냥 돌아가신다고요?

하하, 제가 좀 바쁜 몸이라서요.

스태플턴이 자네를 봐서 어쩌지?

괜찮아. 돌아간다고 했으니 안심할 거야.

까악

까악 까악

우리는 한밤중이 다 되어서야 바스커빌 저택에 도착했다.

늦은 시간에 와서 죄송합니다.

저, 동생 분이 오늘 사고로······.

세상에! 으흐흑.

홈스 선생이라면 언제든지 환영입니다!

홈스와 헨리 경은 늦게까지 이야기를 나누었다.

사건이 곧 해결될 거라니, 다행입니다.

그런데······.

초상화들이
아주 훌륭하군요.

아! 저희
조상님들입니다.

바로 저분이 저주를
불렀다는 휴고예요.

앗!

헨리 경이 잠들자, 홈스는
조용히 나를 불렀다.

왓슨, 잠시
나와 보게.

이 사람,
휴고를 보면
누군가 떠오르지 않나?

글쎄, 왠지 낯이
익기는 한데……

아, 스태플턴!
꼭 그 사람과 닮았군.

그래, 맞아!

이걸로 스태플턴이 왜 범죄를 저질렀는지 밝혀졌군.

그는 휴고의 후손으로, 처음부터 헨리 경의 유산을 노린 것이었어!

짹 짹

헨리 경, 오늘 스태플턴 씨에게 저녁 초대를 받으셨다고요?

네, 두 분도 함께 가시죠.

저희는 오늘 런던으로 돌아갑니다. 스태플턴 씨께 그렇게 전해 주세요.

아니, 사건을 해결해 주신다고 하고선······.

걱정 마세요. 지금부터 제 말만 잘 따르시면 사건을 해결할 수 있어요.

스태플턴 씨 집에 갈 때 마차를 타고 가셨다가, 도착하면 마차만 먼저 돌려보내세요.

집에는 걸어서 돌아갈 거란 걸 스태플턴 씨가 알도록요.

혼자 황무지를 걸어오라고요?

네, 오늘은 안전하니 걱정 마세요.

그날 오후, 우린 라이언스 부인을 찾아가 스태플턴의 정체를 밝혔다.

스태플턴의 여동생은 사실 그의 부인이고, 그들의 이름과 신분은 다 가짜입니다.

이게 증거 사진입니다.

세상에, 깜빡 속았잖아! 으흑.

사실 스태플턴이 찰스 경에게 편지를 쓰라고 시켰어요.

그런데 찰스 경을 밖으로 불러내려고 날 이용한 거였다니!

흑 흑

짐작한 대로야. 이제 범인을 잡을 차례인가?

아니, 더 확실한 증거가 필요해. 스태플턴의 집으로 가세!

스태플턴의 집 앞에 도착한
우리는 조심스럽게 집 안을 살폈다.

헨리 경과
스태플턴뿐이야.

그의 아내는
어딜 간 거지?

앗! 스태플턴이
나왔어!

샥

끼이이

우 우 우

!!

쑤욱

탁

저 헛간에 뭔가
있는 것 같아.

저, 저,
저것 좀 봐!

그것은 그림펜 늪지 너머로부터 몰려온
짙은 안개였다. 안개는 빠른 속도로
주변을 새하얗게 덮어 버렸다.

이런!

안개 때문에 앞이
잘 안 보여.

헨리 경,
어서 나와요!

ㅅ으으으

나왔다!
헨리 경이야!

쉿,
기다려!

타다닥

그때 무언가 빠르게
다가오는 소리가 들렸다.

헨리 경! 괜찮습니까?

네! 선생 덕분에 살았어요!

죽었군.

공기 중에서 빛을 내는 인 때문에 번쩍거린 거였어.

우리는 곧장 집을 뒤져 묶여 있는 스태플턴 부인을 찾아냈다.

어쩌다 이런 꼴이 되었소?

헨리 경, 무사했군요! 스태플턴이 당신을 죽이려던 걸 막으려 하자, 화를 내며 절 묶었어요!

남편은 늪지대 근처에 머무르며 개를 훈련시켜 왔어요.

분명 거기로 갔을 거예요.

늪지대 쪽을 찾아보자, 사람이 지나간 흔적이 보였다.

이쪽이다! 서둘러!

지식 쏙 상식 쏙쏙

한눈에 보는 〈바스커빌가의 개〉

탐정 셜록 홈스는 찰스 바스커빌 경의 죽음에 대한 사건을 맡아요. 사람들은 그의 죽음이 바스커빌가의 저주 때문이라고 말하지요. 바스커빌가의 저주란, 나쁜 일을 많이 저지른 휴고 바스커빌이란 사람이 황무지에서 검은 개에게 물려 죽은 뒤 바스커빌가 사람들이 갑자기 죽거나 다치기 시작한 것을 말해요. 찰스 경의 유산을 받는 헨리 경은 '목숨이 아깝거든 황무지에 접근하지 마라.'는 협박 편지를 받고 홈스를 찾아와요. 홈스는 친구 왓슨과 함께 바스커빌 저택과 황무지를 조사하고, 결국 범인을 찾아내요. 범인은 이웃집에 사는 스태플턴으로, 사실 그는 휴고 바스커빌의 후손이었어요. 스태플턴은 바스커빌가의 재산을 가로채기 위해 저주의 내용에 맞춰 개를 훈련시켰지요. 그리고 개를 이용해 찰스 경을 죽이고, 헨리 경마저 죽이려 한 거예요. 그의 계획을 미리 알아챈 홈스는 총으로 개를 없애고, 달아나던 스태플턴은 결국 늪에 빠져 최후를 맞이한답니다.

작가를 알면 작품이 보인다!

★ 아서 코난 도일
(Arthur Conan Doyle, 1859~1930)

영국 에든버러 대학에서 의학을 공부하여 안과 의사가 되었어요. 하지만 병원을 찾는 환자가 많지 않았어요. 도일은 한가한 시간에 틈틈이 글을 써 셜록 홈스가 나오는 추리 소설을 탄생시켰지요. 셜록 홈스의 실제 모델은 대학 때 도일을 가르쳐 준 조셉 벨 선생님이에요. 조셉 벨 선생님은 뛰어난 관찰력과 분석력을 가지고 있었어요. 도일은 40년 동안 무려 60편의 셜록 홈스 시리즈를 만들었답니다.

키워드로 보는 세계 명작

⭐ 오늘의 단어 '명탐정'

뒤팽 vs 셜록 홈스 vs 코난

뒤팽은 추리 소설의 창시자로 알려진 애드거 앨런 포의 작품에 나오는 탐정이에요. ≪모르그가의 살인 사건≫에 처음 등장하였는데, 훗날 셜록 홈스를 비롯한 탐정 캐릭터의 모델이 되었어요. 뒤팽이 최초의 탐정이라면, 셜록 홈스는 최고의 탐정이에요. 뛰어난 관찰력과 추리력은 물론 식물학, 법률, 음악에 관한 지식을 갖추었지요. 인기 만화 ≪명탐정 코난≫의 주인공 코난은 사건에 휘말려 7살 꼬마로 변한 후, 아이의 모습으로 미궁에 빠진 사건들을 해결해요. 엄청난 인기에 힘입어 TV 애니메이션, 극장용 애니메이션, 게임 등이 만들어졌어요.

⭐ 빵을 훔쳐 먹은 범인을 찾아라!

4컷 만화